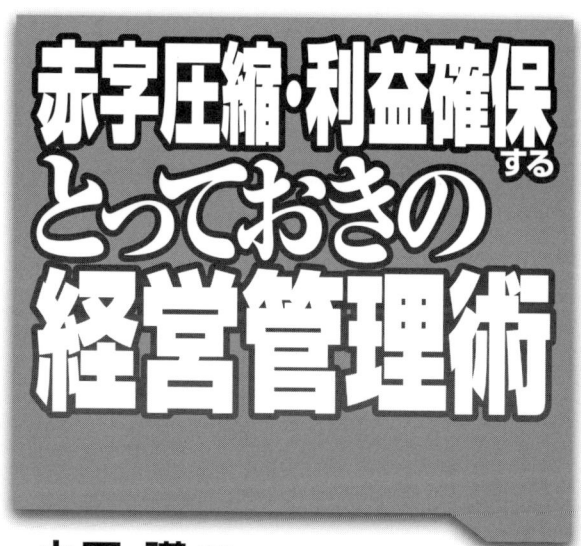

赤字圧縮・利益確保する
とっておきの
経営管理術

小原 護 著

セルバ出版

はじめに

世の中には、「いかにして赤字を圧縮すればよいのか」と日夜悩んでいる中小企業経営者や経営管理者は多いようです。企業が赤字から脱出する方法は、企業が抱える問題や課題が多種多様であるのと同様に多種多様です。

経営管理を扱ったすぐれた書物は多く出版されています。

しかし、これらの問題や課題を解決しようと思って教科書を見開いたとしても、一般的な経営管理を扱った書物では、多くの企業の共通的な問題内容を一般的に取り上げたものが多く、これらの個別企業経営者の個別的な悩みに必ずしも対応しきれていないのが実情です。

本書では、ここ2～3年継続的に赤字が続いており、課題や問題点が山積している、年商40億円規模のエレクトロニクス関連製品を扱っている設計・製造会社をモデル企業として設定しています。そして、一般的な企業の経営管理ではなく、ある特定個別企業の具体的な経営課題や問題点を解決するために、必要となる経営に関わる諸項目について記述しています。

したがって、あらゆる企業の諸問題や諸課題すべてを網羅しているわけではありません。著者の経験に基づき、重要だと思う諸点について述べたものです。このため重要な項目であるとしても触れていない点もあります。

本書は、上述したように多くの企業の共通的、一般的な問題点や課題の解決策を述べるのではな

く、ある個別企業をモデルとして具体的に的を絞って、赤字圧縮のための経営管理実務を解説したものです。
そして、個別企業を扱うことになっていますが、その経営管理上の問題に対する担当者の各種悩みの解決に具体的に答える内容となっています。
著者は、NTTのグループ企業でアナログLSIの設計開発および経営管理業務に長年従事してきましたが、本書は、6年間経営管理業務を実体験したことおよび身近の事業部の経営管理業務を実際に見聞きしたことに基づいて記述したものです。
本書を経営管理を任された場合の入門書として活用していただければ幸いです。
また、本書を読めば、先に述べた、「いかにして赤字を圧縮すればよいのか」という悩みを解決するヒントが必ず得られると確信しています。

平成26年9月

小原　護

赤字圧縮・利益確保するとっておきの経営管理術　目次

まえがき

第1章　ABCエレクトロニクスの概要

1　業務の概要等・10
2　A社に山積する問題点や課題・12
3　速やかに実施することが必要な問題点や課題への対応策・12

第2章　赤字を圧縮するために必要な経営分析

1　赤字圧縮の分析・16
2　損益分岐点分析・24
3　主な経営指標による分析・34

第3章　中・長期経営再建計画と企業体質を改善・強化するための方針管理

1　中・長期経営再建計画の考え方・46
2　年度収支計画の立て方・53
3　中・長期経営再建計画の作成と年度経営計画・57

第4章 ISO9001の導入

1 ISO9001とは・66
2 ISO9001取得のメリット・68
3 ISO9001の要求事項の概要・70
4 ISO9001受審の進め方・82
5 認証取得審査でよく指摘される不具合の例・84

第5章 月次決算制度の実施

1 月次決算制度とは・86
2 月次決算の基本的事項・87
3 月次決算の具体的な実施例・91

第6章 原価管理の強化

1 原価管理と原価計算の目的・105

4 方針管理とは・59
5 方針管理を実施するための様式例・61

第7章 購買と在庫の管理

2 原価計算の基本事項・109
3 個別原価計算と総合原価計算・115
4 仕掛品原価と完成品原価の計算・120
5 製品原価計算のまとめ・123
6 原価計算と原価管理の具体的な方法・130
7 活動基準原価計算（ＡＢＣ）・141

1 購買の基本的な考え方・146
2 発注先の選定と購買契約の締結・149
3 発注と納期管理・156
4 購買価格の低減化・160
5 在庫管理・164

第8章 設計品質の改善

1 設計品質の考え方・169
2 受注審査・172
3 設計方針審査・173

第9章 生産リードタイムの短縮

1 モジュール組立工程リードタイムの実態調査結果・186
2 生産リードタイム短縮化に必要な方策・190
3 生産リードタイム短縮化策を取り入れた効果・193

第10章 研究開発の効率化と設備投資の経済性

1 研究開発の一般的考察・196
2 研究開発のねらいと技術的ポイント・200
3 設備投資の経済性・204

参考文献

4 回路設計レビュー・174
5 設計出荷審査・177
6 設計遅延の一般的是正対策・179
7 製品・試作品の出荷・181

第1章　ABCエレクトロニクスの概要

本章では、A社業務の概要、売上や資本金の規模および組織構成等について説明します。また、当社に山積する問題点や課題を整理します。

さらに、当面当社が実行しなければならない問題点や課題の解決策になり得る方策等をまとめて示しています。

1 業務の概要等

業務概要：ＩＣ（集積回路）の設計とモジュールの設計製造

大手通信機メーカーの子会社であり、主として親会社の研究所からLSI（大規模集積回路）やモジュール（いくつかの構成部品を集めて、まとまりのある機能を持たせた部品）の研究試作を受注しています。

ＩＣ先端技術をベースとする個別受注生産の専業メーカーです。

研究試作をベースにして、商用・外販の売上を拡大するとともに付加価値を高めたモジュールへの展開を行っていますが、ここ２〜３年継続的に赤字となっています。

社長が交代することとなって親会社から新社長が派遣されてきました。

10

第1章　ＡＢＣエレクトロニクスの概要

売上：年商40億円

親会社の研究所が発注するＬＳＩやモジュールの研究試作　売上の60％

その他外部からの研究試作の個別受注　売上の20％

自主開発製品の外販　売上の20％

資本金

4億円

Ａ社の組織と社員数

企画管理部（2名）
品質管理部（3名）
総務部（14名）：総務課、人事課、経理課
営業部（5名）
資材購買部（3名）
設計事業部（80名）：アナログ設計部（20）、ディジタル設計部（60）
製造事業部（40名）：製造部（26）、生産管理部（4）、検査部（10）
社員総数：147名

2 A社に山積する問題点や課題

社長：このところずっと赤字続きで深刻な状態だね。今後2年以内に経常利益の黒字化を達成したい。

企画管理部長：当社には以下に示すような課題や問題点が多くみられます。当社に山積する問題点や課題を図表1に示します。

3 速やかに実施することが必要な問題点や課題への対応策

社長：多くの課題や問題点がある中で、まず何をやるべきか優先順位をつけて整理してほしい。そのうえで対応策を考えていこう。

企画管理部長：わかりました。図表2に「本書で取り扱う問題点や課題への対応策」について整理しましたので、検討してください。以下の章ではこれに基づいて説明します。

12

第1章　ＡＢＣエレクトロニクスの概要

【図表1　Ａ社に山積する問題点や課題】

- どんぶり勘定を行っており、赤字発生要因が不明確なために赤字から脱出する戦略もなく、成り行き任せの経営となっています。
- 人材の積極的受け入れを含めた研究所との連携強化は、技術面のメリットと同時に、人件費を吸収する努力が必要です。
- 親会社向けの試作品受注が主体なので、販売力よりも技術力重視に陥りやすい体質となっています。
- 親会社への依存体質から抜け出していません。
- 現状と同程度の売上規模を維持したうえで、黒字転換することを最優先課題としなければなりません。
- 販売管理費の増加率が売上の増加率よりも大きくなって営業利益を圧迫しています。
- 売上債権が大幅に増加している等により、現金及び預金が大幅に減少して、手許流動性比率が極端に悪化しています。
- 固定費が大幅に増加しているため、損益分岐点比率が悪化して100％を超えています。
- 設備投資や開発投資の回収責任が必ずしも明確になっていません。
- 買掛債務が減少し、長・短期借入金が増加しています。
- 「その他利益剰余金」が減少の一途をたどっています。
- 総資本経常利益率がマイナスであるうえ、年々悪化しています。
- 売上債権回転率と有形固定資産回転率が低下傾向になっています。
- 赤字にもかかわらず多額の設備投資、開発投資を行っていますが、この投資効率のチェックも重要なポイントです。
- 受注ごとの予定原価のコスト維持が必要：実行予算算出時の材料費、外注費、予定工数を維持することに努めねばなりません。
- 事業部単位の稼動管理が必要：年度計画の稼動工数を確保するために、未稼働のないように仕事量を投入する必要があります。
- 今後、事業部別程度の原価管理にとどまらず、どんぶり勘定から脱出するために、より精度の高い製品別見積原価制度の導入が必要です。
- 技術的に優秀ではありますが、利益意識、コスト意識の低い管理者が多いのも確かです。

【図表2　本書で取り扱う問題点や課題への対応策】

- 赤字発生要因を明確にするために赤字圧縮に関する経営分析を行います。
- 上記問題点や課題を解決するため、今後3年間の経営再建計画を作成します。
- タイムリーに開催する月次決算制度を導入します。
- コスト低減化を図るため原価管理や購買管理を強化します。どんぶり勘定から卒業して事業部別、製品別利益管理制度を導入します。
- 業務効率や設計品質を改善するためにISO9001を導入します。
- 適切な研究開発投資を行うとともに設備投資の経済性を明確にします。
- 在庫の削減や納期を短縮するために生産リードタイムの短縮化を進めます。

図表2の主要な論点は、赤字発生の要因を明確にしたうえで、今後3年間の経営計画を作成することです。そして、この経営再建計画を成功させるためには、次の項目を確実に実行することにあります。

① タイムリーな月次決算制度を定着させます。
② どんぶり勘定から脱出するために、製品別利益管理制度を導入するなど原価管理制度を見直します。
③ ISO9001を導入して、業務効率や設計品質を改善します。
④ 設備投資は、その経済性を明確にしたうえで実行します。また、有効に活用されていない設備は除却します。
⑤ 生産リードタイムを短縮して、在庫の削減、納期の短縮につとめます。

現在明確になっている赤字の発生要因は、販売管理費の増加が売上の増加より多いことや、固定費が大幅に増加している、等にあります。

14

第2章 赤字を圧縮するために必要な経営分析

社長： このまま赤字が続けば当社も倒産の危険にさらされるが、赤字から脱出するためにはどうすればよいのか、企画管理部長の意見を聞かせてもらえないか。

企画管理部長： わかりました。赤字体質から脱出するためには、はじめに次の3点について分析する必要があります。そのうえで対策を提案したいと考えています。

① 赤字を圧縮するために必要な基本的な考え方とその分析。
② 目標利益を獲得するために必要な売上高や、費用削減の目標値等を算出することができる損益分岐点分析。
③ 会社の収益力の向上や安定した財務構造を構築するために役立つ経営指標による分析。

1 赤字圧縮の分析

企画管理部長： 例えば、会社の本業の利益である営業利益が現在赤字であるとします。赤字を圧縮する（少しでも黒字化を目指す）方策は、次の3点に絞られます。

1 売上高を上げる
2 売上原価を下げる
3 販売管理費を下げる

16

第2章　赤字を圧縮するために必要な経営分析

社長：当たり前のようだが、なぜそう断言できるのかね。

企画管理部長：なぜなら、

営業利益＝売上高－売上原価－販売管理費

だからです。1、2、3と順に説明します。

売上高を上げる

まず、「売上高を上げる」について考えます。

売上高を伸ばすためには、現状の製品やサービスの営業努力をするとともに、販売分析や市場分析を行わねばならないのは当然です。

しかし、現在の不況が常態化している経営環境では、短期的に売上の増大化を図るのは容易ではありません。

また、現在販売している製品やサービスにもおのずと製品寿命というものがあり、対策を講じなければ売上はさらに低下の一途をたどることになります。売上高を短期的に伸ばすことは難しいとしても、維持確保するための中・長期的なひとつの対応策として、新製品や新サービスの開発が重要となります。

17

売上原価を下げる

次に、「売上原価を下げる」について考えます。売上原価は次式で示すことができます。

売上原価＝期首製品棚卸高＋製造原価－期末製品棚卸高

この式から売上原価を下げるためには、①製造原価を下げる、②期末製品棚卸高を期首製品棚卸高よりも高くする、の2つの方策が考えられます。

このうち、②については、当年度の製品の売れ残り（在庫）が多ければ多いほど、売上原価は低くなることを示しています。

この場合、営業利益は確かに増加しますが、製品の売れ残り（在庫）が大幅に増えることになります。

適切な在庫は当然必要ですが、大幅に在庫が増えることが会社にとって望ましいはずがありません。

このことから、会社の経営成績は、営業利益の大小だけでは評価できないことがわかります。この点については後述します。

製造原価を下げる

次に①について考えます。製造原価は次式で表せます。

第2章　赤字を圧縮するために必要な経営分析

製造原価＝期首仕掛品棚卸高＋製造費用－期末仕掛品棚卸高

この式から製造原価を下げるためには、売上原価の場合と同様に、①製造費用（材料費、労務費、その他経費）を下げる、②期末仕掛品棚卸高を期首仕掛品棚卸高よりも高くする、の２つの方策が考えられます。

期末製品棚卸高を期首製品棚卸高よりも高くする

このうち②については当年度の期末仕掛品が期首仕掛品よりも多ければ多いほど製品原価は低くなることを示しています。この場合についても製品原価が低くなるのですから、確かに営業利益は大きくなります。

しかし、会社の倉庫に必要以上に製品仕掛品（生産が完了していない未完成の製品）が増えることが会社のためになるとは思えません。別の視点から検討する必要があります。

また、資金繰りの観点から見ますと、運転資金が少なくてすめばすむほど会社の運営は楽になります。運転資金は概略次式で表されます。

運転資金＝売掛金＋在庫高－買掛金

【図表３　赤字を圧縮するための方策】

1	売上高を減少させないよう維持・確保します。そのためには、営業努力や市場分析、販売分析を行うのは当然ですが、中長期的には新製品の開発や新規サービスの開拓も重要となります。
2	売上原価を下げなければなりません。そのためには、製造原価および製造費用を下げる必要があります。また、期末の製品や製品仕掛品を期首のそれらよりも増大させても売上原価は下がります。しかし、在庫を増やして売上原価を下げますと、運転資金の必要額が増加するという副作用が生じます。
3	販売管理費を下げる必要があります。そのためには役員報酬、給与手当、福利厚生費、交際費、広告宣伝費等を可能な限り圧縮しなければなりません。

つまり、在庫（期末製品・期末仕掛品棚卸）高が多くなればなるほど営業利益は増えるが運転資金の必要額は大きくなります。これは資金繰りが厳しくなることを意味します。

販売管理費を下げる

３番目の「販売管理費を下げる」について考えます。全社的に必要な共通の経費である販売管理費を下げるためには、役員報酬、給与手当、福利厚生費、交際費、賃借料、広告宣伝費等を可能な限り減らす必要があります。

社長：　要約してくれないかね。

企画管理部長：　わかりました。以上述べた赤字を圧縮するための方策としては、図表３のようにまとめることができます。

このことから、赤字を圧縮するための方策として、損益計算書から原価を計算して、営業利益にのみ着目して評価する

20

第2章　赤字を圧縮するために必要な経営分析

と、売上高が増加しても利益が減少したり、売上高が減少しても利益が増加するという奇妙な現象が生じ得ることがわかります。

還元すれば、売上高は同一でも、在庫の変動によって原価が増減し利益が変動してしまいます。

本当に利益の増加に役立つ原価管理を進めるためには、在庫の増減に関係なく売上高に比例して増減する利益を評価基準とすることが望ましいのです。

「限界利益」という考え方

ここで注目されるのは、直接原価計算で利用されている「限界利益」という考え方です。

後で説明しますが、原価計算には、全部原価計算と直接原価計算の手法があります。全部原価計算は、変動費および固定費のすべてを製品原価に配分して計算する手法です。

このため、期末在庫が期首在庫よりも多い場合に、在庫分に配分される固定費が翌期の費用となってしまい、当期の売上原価を小さくすることになります。

直接原価計算は、原価を製品の生産量ないし販売量との関係で変動費と固定費に区分し、製品原価を変動費だけで算出し、固定費は期間原価として、その総額を発生期間の収益に対応させる原価計算です。

固定費を期間原価とするということは、固定費を期間の売上高から一括して差し引いて利益計算を行うということです。変動費は、売上高に比例して増減する原価ですから、売上高から変動費を

21

控除した「限界利益」は、売上高に比例して増減することになります。

したがって、この「限界利益」から一定額の固定費を控除した純利益も売上高に比例して増減します。すなわち、一定期間の利益が在庫の増減によって変動することなく、売上高に正比例して増減するようになります。

また、限界利益の大小は、製品別・事業部別・得意先別などの業績を評価するのに役立ちます。

直接原価計算については、後述する図表49の「直接原価計算の製品原価と利益の求め方」でも触れていますので参照してください。

ただし、「限界利益」という概念を導入し、一時的に利益を得たとしても、その後倒産するようなことがあっては意味がありません。会社を長期にわたって安定的に利益を確保して運営するためには、後述するように安定した財務基盤を持たねばなりません。

これは、貸借対照表やキャッシュフロー計算書から定量的に評価することができます。

社長：赤字そのものの原因や赤字圧縮の対応策についてはほぼわかった。具体的に示してほしい。

企画管理部長：以上、赤字を圧縮するために、主として利益という定量的な要因について説明しました。では、この定量的な要因をいかにして分析し、実際にどのような方法で赤字を圧縮すればよいのか、短期的および中長期的な課題と解決策の例をいくつか挙げてみます。

第2章　赤字を圧縮するために必要な経営分析

【図表4　利益を確保するための社内体制の整備】

1	中・長期経営再建計画と企業体質を改善・強化するための方針管理
2	ISO9001の導入
3	月次決算制度の実施
4	原価管理（資材・購買を含む）の実施
5	生産リードタイムの短縮
6	設計品質の改善
7	研究開発の効率化と設備投資の経済性

実際にどのような方法で赤字を圧縮すればよいのか

企業が長期にわたり安定成長を実現するためには、なんといっても充分な利益の確保が要求されます。何をなすべきかを正しく判断し、赤字から脱出するためには、現状を正しく把握して問題の原因を明らかにしなければなりません。そのためには、損益分岐点分析により、赤字の発生要因を明らかにすることが重要です。

会社全体だけではなく、事業部別、製品別、得意先別など、どこにどのような問題があるかを分析します。これが、まず第一になすべきことです。次の第2節では、これについて説明します。

前述の利益の確保は、一時的に良くなればよいというものではなく、長期的に維持・獲得しなければならない必須事項です。そのためには、定量的に利益を確保するための分析だけでなく、利益を毎年コンスタントに維持していくための社内体制を整備する必要があります。

例えば、図表4に示す方策等により社内体制を整備確立

する案が考えられます。

第3章以降でこれらの項目について順次説明します。

2 損益分岐点分析

社長：損益分岐点という言葉をよく聞くが、ちょっと説明してくれないかね。

企画管理部長：損益分岐点とは、損失が出てしまうか、あるいは利益を出すことができるかの売上高の分岐点、つまり最終的な利益がちょうどゼロになるような状態（採算点）のことです。損益分岐点の売上高が低ければ、少ない売上高でも黒字を出すことができますので、その事業はリスクも少なく、比較的余裕があることになります。

どこまでコストダウンをする必要があるかを算出

損益分岐点分析は、次年度の売上高予算が出てきた場合に、その売上高で目標利益を達成するためにはどこまでコストダウンをする必要があるかを算出できます。

また、次年度のコスト予算が決まった場合に、そのコストで目標利益を上げるためにはどれだけの売上高が必要なのかも計算できます。すなわち、目標利益を獲得するために必要な売上高や費用

24

第2章　赤字を圧縮するために必要な経営分析

削減の目標値の計算に利用できるのです。

損益分岐点を計算するためには

損益分岐点を計算するためには、まず、すべての費用（売上原価、販売管理費）を変動費と固定費に分ける必要があります。

変動費とは、一定の生産能力や販売能力のもとで、生産量や販売量などの操業度に応じて（比例して）変化する費用（例えば部品や材料費など）です。

固定費とは、操業度の変化にかかわらず変化しない費用、つまり生産量や販売数量がゼロでも発生する費用です。これには、機械のリース料、設備の減価償却費、従業員の給与や役員の報酬などが含まれます。

損益分岐点分析の計算方法

売上高と費用と利益の関係から次式が成り立ちます。

売上高－変動費－固定費＝利益

売上高から変動費を差し引いた利益は「限界利益」ですので、上式は次のようになります。

限界利益－固定費＝利益

損益分岐点売上高とは、利益＝０のときの売上高であり、また、限界利益率は限界利益÷売上高

25

【図表５　損益分岐点の説明図】

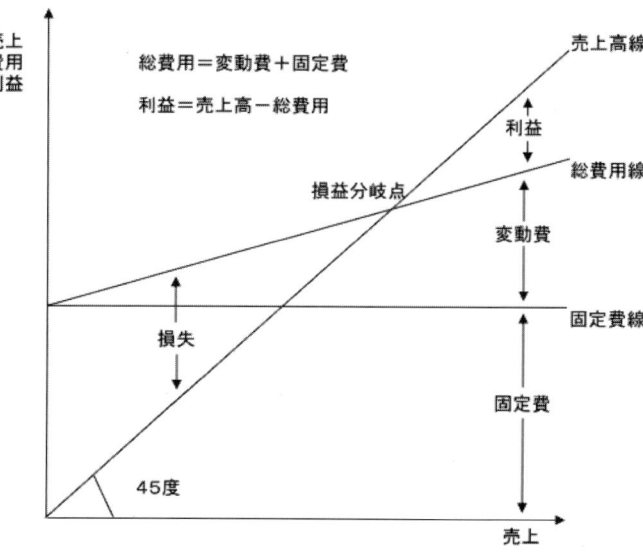

ですから、

限界利益＝売上高×限界利益率

となって、

限界利益＝売上高×限界利益率＝固定費

したがって、

損益分岐売上高＝固定費／限界利益率

とは、限界利益で固定費を賄う売上高なのです。すなわち損益分岐点売上高となります。

図表５に損益分岐点の説明図を示します。横軸を売上とし、縦軸を売上、費用、利益としています。

図表５の売上高線は縦軸も横軸も売上を表すので、角度45度の直線となります。総費用線は、固定費と変動費を加えた費用ですので、図表５に示すような直線となります。

第2章　赤字を圧縮するために必要な経営分析

す。この総費用線と売上高線が交差する点が損益分岐点売上高となります。
損益分岐点より売上が小さくなると「赤字」、売上が大きくなると「黒字」となります。

目標利益を達成するための売上高の計算

次に、一定の目標利益を達成するための売上高を計算します。

限界利益－固定費＝目標利益

ここで、限界利益＝売上高×限界利益率

したがって、

目標利益達成売上高＝（固定費＋目標利益）÷限界利益率

将来、不測の事態によって、売上高が減少したとしても利益を出すことができるかどうかといった会社の利益安定性を見ることは、会社を経営する場合には最重要事項となります。そのための指標として、損益分岐点売上高を現在の売上高で割った指標、すなわち損益分岐点比率を算出して活用するわけです。

一般的には、70％以下であれば超優良企業、80％以下であれば優良企業といわれています。赤字

27

企業では100％を上回ることになります。

損益分岐点比率＝損益分岐点売上高÷現在の売上高

なお、損益分岐点分析を行う場合の利益としては、営業利益、経常利益、当期純利益などいろいろな利益を使うことが考えられます。

会社の事業について損益分岐点分析を行う場合には、本業の利益である営業利益を基準にすることが望ましいといわれています。損益分岐点の実績値と計画値については次章の図表11「中期経営再建計画（損益計算書項目）」に示しています。

また、拙著「経理をいきなり任されたら読む本」（参考文献5）では、事業部別の損益分岐点分析を各事業部の経営データを使って詳細に分析していますので参考にしてください。

損益分岐点分析の利用方法

社長：　損益分岐点分析はどのように利用すればよいのかね。

企画管理部長：　利益を増加させるためには、売上高と費用の関係を分析して、目標利益を獲得するための計画策定や、赤字体質から脱却するためのコストダウンや売上高の目標値を計算するといった場合に、先に述べたように損益分岐点分析を利用することができます。

28

第２章　赤字を圧縮するために必要な経営分析

【図表６　損益構造の４つのパターン】

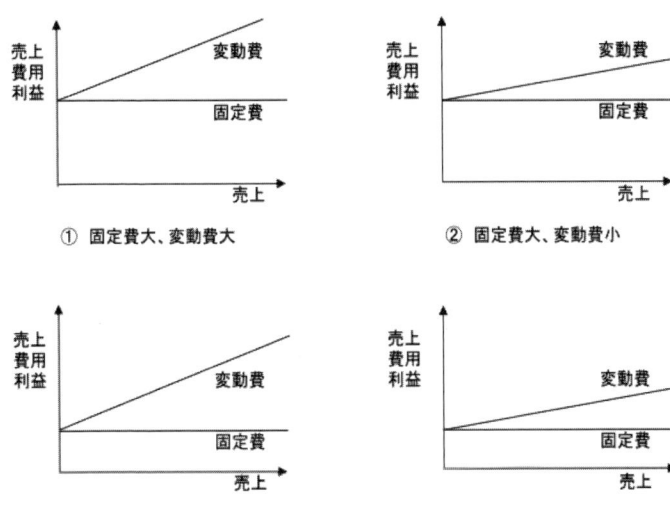

① 固定費大、変動費大

② 固定費大、変動費小

③ 固定費小、変動費大

④ 固定費小、変動費小

まず、将来の予想売上高に基づいて固定費、変動費の発生予想額を計算します。次に、予想利益が目標利益よりも低い場合には、売上高をどれだけ増加させればよいのか、あるいは費用をどれだけ減少させればよいのかを計算します。費用に関しては、変動費と固定費をそれぞれどれだけ減少させればよいのか等、コストダウンの計算に利用していくのです。

企画管理部長：　次にご説明します。

社長：　具体的にはどのようにして利益を生み出すのかね。

利益を生み出す損益構造

固定費と変動費の組合せにより企業の損益構造は、図表６に示す４つのパターンに

29

分類できます。

① 固定費大、変動費大
- 最も利益が出にくい費用構造。
- 固定費、変動費の削減が必要（変動比率を下げる＝限界利益率を上げる）。

② 固定費大、変動費小
- 製造業で自社生産している（大規模な工場を保有）ケースやサービス業で労働集約型で人件費が固定化している産業が該当します。
- 拡大生産に強く、減産に弱い。損益分岐点を越えると利益が驚くほど出ます。

③ 固定費小、変動費大
- 生産を外部に委託している製造業や、限界利益率の高くない商社など。
- 売上高が減少しても利益はそれほど減少しません。

④ 固定費小、変動費小
- 理想的なパターン。インターネット関連業種など。
- 利益が出やすく、不況への抵抗力も強い。

企画管理部長：昨今の厳しい経営環境の下で、売上高を拡大していくことは簡単ではありません。そのため、現在の売上でも利益が出る企業体質をつくっていく必要があります。収益力を高め

30

第2章　赤字を圧縮するために必要な経営分析

【図表7　収益力を高める対策例】

1	売上高に対する変動費の割合を下げます。	・材料仕入れ業者や外注先に対して、購入価格や発注価格の引下げ交渉を行います。 ・材料の無駄遣いをなくします。 ・同じ機能でより安い材料に置き換えます。
2	固定費を下げます。	・無駄な経費を削ります。 ・価値を生まない活動をなくします。 ・仕事の仕方を抜本的に変えます。 ・人件費や設備費を削減します。余剰人員の整理、パートタイマーやアルバイトの活用、有形固定資産の有効利用、遊休化・不要な固定資産の売却など。
3	販売価格を上げます。	・付加価値の向上やサービスレベルを向上させて製品やサービスの単価を上げます。

るための打つべき手としては、図表7の項目が考えられます。

経営資源をどの事業やどの製品に選択・集中すればよいか

社長：会社の経営資源にはおのずと限りがある。特に赤字企業では効率的な資源配分を考えねばならないと思うが。

企画管理部長：会社のどの事業あるいはどの製品に経営資源を選択・集中すれば、利益の最大化を図れるかを検討する手法として、プロダクトミックスという考え方があります。次にご説明します。

プロダクトミックスは、複数の製品を製造販売している企業や、多角化を展開している企業における利益管理の基本的な考え方です。それぞれの製品や事業単位での限界利益や限界利益率を考慮して、企業全体で最大の利益を上げるための最適な組合せを検討する利

31

【図表8　限界利益率から見た生産数量や販売数量の考え方】

1	限界利益率の高い製品・商品・サービスや事業については、生産数量や販売数量をできるだけ多くします。
2	限界利益率が低い製品・商品・サービスや事業については、生産余力や販売余力がある場合には追加で生産・販売していきます。
3	限界利益率がマイナスの製品・商品・サービスや事業については撤退を検討します。

益管理の計算手法です。

前述したように、限界利益とは売上高から変動費を差し引いた利益です。限界利益で企業の固定費をどれだけカバーするかが利益管理の考え方です。

プロダクトミックスでは、複数の製品や事業の限界利益を基にして利益管理を行います。どの製品をどれだけ生産・販売し、どの製品に企業として人・物・金・技術などの経営資源を優先的に配分すればよいかを検討します。

製品・商品・サービスの販売数量に制約がある場合には、限界利益が最大である製品・商品・サービスを最大販売量とします。そして、残りのキャパシティーを限界利益が次に大きい、製品・商品・サービスの販売数量とする、というのがプロダクトミックスの考え方です。

限界利益が最大とは、2つの考え方があります。

1つ目が限界利益率が最大かどうか。2つ目が、単位数量あたりの限界利益が最大かどうかです。

販売数量に制約がある場合には、単位数量あたりの限界利益の高い商品から販売することを優先します。

32

第2章　赤字を圧縮するために必要な経営分析

単位数量あたりの限界利益が把握できない場合は、限界利益率が最大の製品・商品・サービスを最大許容量の中で販売もしくは生産することがプロダクトミックスの基本です。

限界利益率の高い製品・商品・サービスを多く販売すると、それだけ早く固定費を回収できます。

整理しますと、限界利益率から見た生産数量や販売数量は図表8のような考え方に基づき決定することになります。

売上の増加や減少に伴う利益の増加や減少額は、次式によって求められます。

営業利益の増加（減少）額＝増加（減少）した売上額×限界利益率

これらの式から次のことが結論づけられます。

限界利益率の高い事業は、売上が増加すれば営業利益の増加額も大きいです。しかし、売上が減少した場合の営業利益減少額も大きくなります。

逆に、限界利益率の小さい事業は、売上が増加した場合の営業利益の増加額は小さいです。しかし、売上が減少した場合の営業利益減少額も小さくなります。

企画管理部長：　要約しますと、同一の経営資源を使って、会社全体の営業利益を改善するためには、限界利益率の最も高い事業を選択します。そして、その事業に経営資源を集中させて売上の増大化を図っていくことが重要です。

3 主な経営指標による分析

社長：会社の経営状況を評価するために、君が重要だと思っている経営指標について説明してほしい。

企画管理部長：経営指標には①収益性、②資本の効率性、③財務の安全性、④資本の安定性、の4つの指標があります。会社の経営状態の善し悪しは、財務諸表を使った経営分析をすれば、そのすべてを把握できるというものではありません。

しかし、次に述べる主な経営指標を算出し、分析すれば、ある程度の経営状態を把握することができます。

また、これらの経営指標を有効に活用することにより、会社の収益力の向上や安定した財務構造を構築するのに役立てることができます。

主な経営指標の分析

次に、主な経営指標による分析について説明します。

第2章　赤字を圧縮するために必要な経営分析

収益性①　総資本経常利益率　ROA

総資本経常利益率とは、調達した資金を使って、どれだけの経常利益を得たか会社の総合的な経営効率を示す指標であり、経常利益を総資本で割ることによって求められます。したがって、この指標は、収益性と資本効率性を兼ね備えた、会社の総合的な実力が確認できる指標といえます。

　総資本経常利益率　ROA＝（経常利益÷総資本）×100（％）

ROAは大きければ大きいほどよいのです。ROAを上昇させる方法は、次の式に分解するとわかりよいです。

　ROA＝（経常利益÷売上高）×（売上高÷総資本）×100（％）
　　　　　　収益性　　　　　　　資本効率性

ここで、収益性と資本効率性は次式で表されます。

　収益性：売上高経常利益率＝（経常利益÷売上高）×100（％）

　資本効率性：総資本回転率＝売上高÷総資本（回）

すなわち、売上高経常利益率（収益性）か総資本回転率（資本効率性）かのどちらかが大きくなればROAも大きくなります。

総合的な収益性分析は、ROAの指標を業界平均や同業他社と対比すればよいのです。低い状態であれば、なぜ低いのかを費用構造（売上高経常利益率）と資本効率（総資本回転率）から分析します。

売上高経常利益率と総資本回転率については、以下に順次説明します。

収益性② 売上高経常利益率

売上高経常利益率とは、売上に対して、一体いくらの利益が上がっているのかを見る指標であり、上記のごとく経常利益を売上高で割ることによって求められます。売上がいくら大きくても、利益が出なければ経営が成り立ちません。

経常利益では、経常的にかかる収益と費用の合計が計算されるので、会社の業績がわかることになります。

売上高経常利益率は高ければ高いほどよいのですが、業界によって大きく変わります。同業他社と比較して業界平均を上回っているかどうかを確認する必要があります。

売上高経常利益率が低い状況であれば、経常利益を低くしている費用構造を見つけ出し、その費用を削減するための経営努力をします。

第2章　赤字を圧縮するために必要な経営分析

すなわち、経常利益を導き出すまでの売上原価、販売管理費、営業外費用のどこに原因があるのかを突き止めなければなりません。

そのため、次の売上高経常利益率、売上高営業利益率、売上高総利益率の各指標を確認します。

また、過去3～5期分の推移も併せて検証しなければなりません。

経常利益＝営業利益＋営業外収益－営業外費用
営業利益＝売上総利益－販売管理費
売上総利益＝売上高－売上原価

経常利益を増やすには、これらの式より、営業利益と営業外収益を増加させ、営業外費用を減少させればよいことがわかります。

また、営業利益を増加させるには、売上総利益を増加させ、販売管理費を減少させればよいのです。

さらに、売上総利益を増加させるには、売上高を増加させ、売上原価を減少させればよいことがわかります。

社長：　経常利益を増加させるための具体策を聞きたい。

企画管理部長：　わかりました。図表9にそれぞれの具体的対策を示します。

【図表9　経常利益を増やすための具体的対策例】

1	売上原価を減らすための対策としては、流通業であれば仕入の合理化による仕入コストの削減、また、製造業であれば作業改善による製造経費の削減などが考えられます。例えば、相見積等で仕入費用および外注費・材料費の低減を図る等です。
2	販売管理費を減らすためには、人件費や減価償却費や広告宣伝費など、費用の構成比率の高い科目をチェックしてその削減に努めます。とにかく、無駄な経費を減らすことが大切です。例えば、売上に結びつかないような接待を減らせば交際費は減ります。出張先のホテルのランクを下げれば旅費交通費は減る、などです。
3	営業外費用（支払利息など）を減らすには、早めに借入金を返済して支払利息を少なくするなどの努力が必要です。
4	営業外収益（受取利息、雑収入など）を増やすには、株の配当や売却益、受取利息などを増やします。

これらの項目を分析した上で、その結果を次年度予算計画へ反映させることが重要です。

会社が儲けるための根本的な利益を見るということで、売上総利益率も重要です。

売上総利益率は、次式により求められます。

売上総利益率＝（売上総利益÷売上高）×100（％）

また、本業による利益率を見るということで、売上高営業利益率も重要です。

売上高営業利益率は、次式により求めることができます。

売上高営業利益率＝（営業利益÷売上高）×100（％）

資本の効率性　総資本回転率

総資本回転率は、資産を効率よく使うことができ

38

第2章　赤字を圧縮するために必要な経営分析

たかどうか。すなわち、1年間に資産の何倍の売上を上げることができたかを示す指標であり、売上高を総資本で割ることによって求められます。

総資本回転率＝売上高÷総資本（回）

これが高ければ高いほど、資産を効率的に使っていることになります。

総資本回転率を高めるには、

① 売上高を増加させます。
② 有効に活用できていない資産を処分します。
③ どの資産が有効に活用できていないかを見るため、総資本回転率を、流動資産回転率と固定資産回転率に分解します。すなわち、

流動資産回転率＝売上高÷流動資産（回）
固定資産回転率＝売上高÷固定資産（回）

総資本回転率を見た後、流動資産回転率と固定資産回転率をチェックします。流動資産回転率が低い場合は、流動資産の中で流動資産を膨らませている可能性が高い売上債権と棚卸資産の効率をチェックします。

39

売上債権回転率が低いということは、売上債権の回収効率が悪いことを意味しています。そのため、売掛金の回収スピードを高めることが必要となります。

棚卸資産回転率が低いということは、現在の在庫量をチェックするとともに、不良な在庫を抱えている可能性を示唆しています。そのため、不良在庫の削減に努めることが必要となります。過去数期分を比較すると傾向がよくわかります。

固定資産回転率が低い場合は、有形固定資産回転率をチェックします。有形固定資産回転率が低いということは、機械や土地などの固定資産を有効に活用できていないことを意味しています。そのため、設備投資計画を見直すと共に、不要な固定資産を調査して売却や処分を検討します。

財務の安全性① 流動比率

1年以内に現金化できる流動資産と、1年以内に返済しなければならない流動負債との関係を示す比率で、企業の短期の支払能力を見るための指標です。

流動比率＝（流動資産÷流動負債）×100（％）

1年以内に返済しなければならない資金の目処は立っているかどうかを確認することができます。流動負債は、1年以内に返済しなければならないのですから、1年以内で現金化できる流動資産で賄わねばなりません。

第2章　赤字を圧縮するために必要な経営分析

流動比率は高いほどよいのです。200％あれば安全性が高いです。100％を切ると危険です。流動比率が100％以下でも次のような場合には差し支えありません。原材料の無償支給を受ける下請加工業では在庫品が少ないので、流動比率は通常100％以下です。しかし、毎月末に加工代金の支払いがきちんとなされる限り資金繰りに困ることはありません。

流動比率が100％以上でも次のような場合には問題があります。棚卸資産額に流行遅れや陳腐品が死蔵されていたり、無理な押込販売による売掛金の急増、長期にわたる滞り債権や不良債権の割合が高かったり、手形サイトが長期化している場合は資金繰りを圧迫します。

売上債権の回収スピードが悪くなり、売上債権が前期よりも大幅に増加した場合、流動比率や当座比率は上昇し、支払能力が向上したように見えます。しかし、実際は資金の減少を起こしているので注意が必要です。

財務の安全性②　当座比率

1年以内に返済しなければならない流動負債を、即座に換金できる当座資産（現金、預金、受取手形、売掛金など）でどれだけカバーしているかを示す指標です。一般的に当座資産が流動負債の1倍以上あればよいとされています。

当座比率＝（当座資産÷流動負債）×100（％）

売上債権の貸倒れの可能性を見積もったものであり、売上債権を減額させる働きがあるからです。

当座比率を計算する場合は、当座資産から貸倒引当金を差し引かねばなりません。貸倒引当金はその企業の資本安定性は高いといえます。

財務の安全性③　手許流動性比率

即時の支払手段となる現金・預金および短期の有価証券が、月平均売上高の何か月分保有しているかを見る指標です。手持ち資金の安全性を見る指標のひとつです。

手許流動性比率＝（現金・預金＋流動資産の有価証券）÷（年間売上高÷12）（月）

手許流動性比率は、高ければよいというものではありません。手持ちの資金は支払いに備えるために必要ですが、必要以上に資金を寝かせておくことは経営上非効率です。借入金の返済などにあてたほうがよいのです。

一般的には、1・5か月分あればよいとされています。最低でも1か月分は確保したいです。

資本の安定性①　自己資本比率

総資本に占める自己資本（株主資本）の割合を示す比率で、企業が調達した資本の安定性の状況を示す指標です。

自己資本（株主資本）は返済義務のない調達資本であるため、この比率が高いほど

第2章　赤字を圧縮するために必要な経営分析

ただし、自己資本の内容として、資本金や資本剰余金に比べて、会社の過去の利益の蓄積である利益剰余金が大きいほうが望ましいです。

自己資本比率＝（自己資本÷総資本）×100（％）

返済の必要のない資金の割合で会社の安定性が見えてきます。

安定性の低い会社とは、倒産する可能性が高い会社のことです。

自己資本比率が低いということは、資金調達の多くを、銀行などからの借入金に頼っていることになります。自己資本比率は業種によっても異なりますが、40％程度以上が目安となります。

資本の安全性②　固定比率

固定資産と株主資本との比率で、固定資産投資の安定性を見る指標です。固定資産投資が株主資本の範囲内であれば、株主資本は返済義務がなく資金繰りの面で安全といえます。

固定比率＝（固定資産÷株主資本）×100（％）

固定比率が100％以下であれば、固定資産の全額が株主資本でまかなわれることになります。この数値が低ければ低いほど安定性は高くなります。

サービス業等で固定資産を多く保有していない企業の固定比率のチェックはあまり意味がありません。

43

資本の安定性③　固定長期適合率

固定資産と株主資本および固定負債との比率で、固定資産投資の安定性を見る指標として固定比率とともによく利用されています。社債や長期借入金などの固定負債は、返済義務はあるものの返済期間が長期にわたっており、比較的安定した資本として株主資本と同様に考えられます。

固定比率が100％を超えていたとしても、固定長期適合率が100％以下であれば、長期資本で固定資産投資を行っていることを意味するため、問題ないと判断されます。

固定長期適合率＝固定資産×100÷（株主資本＋固定負債）（％）

非係数的な事項についても考慮を

これまで計数的に表示できる経営分析の各種指標について説明してきましたが、次に示すような非係数的な事項についても考慮しておかなければなりません。

① 経営者の資質と管理能力
② 主力製品の将来性と取引先の良否
③ 従業員の士気と労使関係の安定性
④ 固有の高技術水準の保有と研究開発能力
⑤ 優秀な経営組織と高い管理水準

第3章 中・長期経営再建計画と企業体質を改善・強化するための方針管理

社長：経営計画書をつくり会社の進むべき方向を社員に示すことは社長の重要な責務の1つと思っている。企画管理部長は会社の方向性について何か良いアイデアでも持っているかな。

企画管理部長：そのとおりです。企業が年々継続的に成長していくためには、中・長期計画に基づいて経営する必要があります。赤字から脱出して中・長期にわたり安定的に成長するために必要な次の項目について説明します。

① 中・長期経営再建計画の考え方。
② 中・長期経営計画に基づき、これを実施するために必要となる年度経営計画の考え方。
③ 経営方針を効率的に実行するために、企業組織全体が協力し、企業体質を改善・強化するための1つの手段である方針管理の考え方や、これを実施するために必要な具体的な様式例。

1 中・長期経営再建計画の考え方

社長：中・長期経営計画ついて君の考えを聞かせてほしい。

企画管理部長：企業が長期にわたり安定成長するためには、なんといっても十分な利益の確保が重要であり、かつそれが一時的なものではなく、長期にわたり継続的に獲得できる体制を維持する必要があります。そのためには経営計画を立案することが大切です。経営計画が必要なもう1

46

第3章　中・長期経営再建計画と企業体質を改善・強化するための方針管理

つの理由は、すべてが計画通りにいくとは限りませんが、計画対実績に差異が生じたならば、その原因を究明して改善することができるからです。

過去3期分の実績値と今後3期分の計画値

経営計画を持たないということは、成り行き任せの経営になりやすいゆえ、列車がレールから脱線したとしても、いつどうして脱線したのか不明な場合が多く、経営改善に失敗する可能性が大きいのです。計画を作成するにあたっては、経営分析により過去から現在までの自社の実力を確認し、どこに重点を絞ればよいかを明らかにしなければなりません。

例えば、利益分析をしたのであれば、それを活用して、中・長期の利益方針を確立し、具体的な利益目標を立て、それを達成するために必要な重点施策を設定し、計画を立てることになります。

図表10、11、12に貸借対照表の項目、損益計算書の項目および主要な経営分析指標について、過去3期分の実績値と今後3期分の計画値を示します。

ここで、中・長期計画は毎年見直すことが重要です。自社を取り巻く経営環境はどんどん変わっていくからです。

図表10と図表11では、実績値に基づき経営分析を行いその結果を計画値に反映させています。

また、図表12では、これらの結果から算出した経営指標による分析結果を示しています。

さらに、これらの経営分析と計画への反映事項を図表13に示します。

47

中期経営再建計画（損益予算計画項目）の作成概要

ここでは図表11の損益予算計画の策定の概要について説明します。当社では売上高予算、売上原価予算、販売管理費予算、営業外損益予算などを作成しています。

売上高予算の編成

従来、担当役員が事業部長の意見を聞き取りながら、全社的観点から政策的に予算を編成（確定）していました。具体的には、前年度売上実績と月別変動の増減等を調べて次年度の売上を月別に予測していました。

今年度は、営業赤字になるのは確実視されています。このため来年度予算は、赤字を解消するために、従来のトップダウン的予算計画の策定方法を次のように見直します。

担当役員は売上高目標や目標利益率等の予算編成方針を事業部に提示します。それに基づいて、事業部で予算の具体的な原案を作成するようにします。この狙いは、目標設定に参加することによって、全社目標達成のために、事業部が何をすればよいのかを明確にすることにあります。また、従来以上に、事業部に売上と利益の実現に、責任を持ってもらわなければならないからです。

売上原価予算の編成

前年度の実績値のみをベースにして計画するのではなく、過去数年間の売上と原価の増加率を勘

48

第3章　中・長期経営再建計画と企業体質を改善・強化するための方針管理

【図表10　中期経営再建計画（貸借対照表項目）】

金額単位：千円

		科目	第1期(実績)	構成率(%)	第2期(実績)	構成率(%)	第3期(実績)	構成率(%)	第4期(計画)	構成率(%)	第5期(計画)	構成率(%)	第6期(計画)	構成率(%)
資産	流動資産	現金及び預金	290,000	14.5	250,000	10.4	140,000	4.7	350,000	12.5	500,000	18.3	550,000	20.7
		売上債権	780,000	38.9	890,000	37.1	1,240,000	42.0	1,100,000	39.3	1,000,000	36.6	950,000	35.8
		棚卸資産	300,000	15.0	380,000	15.8	400,000	13.5	350,000	12.5	300,000	11.0	300,000	11.3
		研究試作	130,000	6.5	110,000	4.6	40,000	1.4	50,000	1.8	50,000	1.8	50,000	1.9
		外販	170,000	8.5	270,000	11.2	360,000	12.2	300,000	10.7	250,000	9.2	250,000	9.4
		その他	400	0.0	200	0.0	1,000	0.0	1,000	0.0	1,000	0.0	1,000	0.0
		合計	1,370,400	68.3	1,520,200	63.3	1,781,000	60.3	1,801,000	64.3	1,801,000	65.9	1,801,000	67.9
	固定資産	有形固定資産	530,000	26.4	730,000	30.4	900,000	30.5	800,000	28.6	750,000	27.5	700,000	26.4
		その他	105,600	5.3	150,000	6.2	274,000	9.3	200,000	7.1	180,000	6.6	150,000	5.7
		合計	635,600	31.7	880,000	36.7	1,174,000	39.7	1,000,000	35.7	930,000	34.1	850,000	32.1
	資産合計		2,006,000	100.0	2,400,200	100.0	2,955,000	100.0	2,801,000	100.0	2,731,000	100.0	2,651,000	100.0
負債	流動負債	買掛債務	480,000	23.9	450,000	18.7	400,000	13.5	651,000	23.2	731,000	26.8	681,000	25.7
		短期借入金	770,000	38.4	890,000	37.1	1,200,000	40.6	1,000,000	35.7	900,000	33.0	800,000	30.2
		その他	20,000	1.0	125,000	5.2	120,000	4.1	100,000	3.6	100,000	3.7	100,000	3.8
		合計	1,270,000	63.3	1,465,000	61.0	1,720,000	58.2	1,751,000	62.5	1,731,000	63.4	1,581,000	59.6
	固定負債	長期借入金	26,000	1.3	165,000	6.9	470,000	15.9	400,000	14.3	350,000	12.8	350,000	13.2
		その他	20,000	1.0	50,200	2.1	45,000	1.5	40,000	1.4	40,000	1.5	40,000	1.5
		合計	46,000	2.3	215,200	9.0	515,000	17.4	440,000	15.7	390,000	14.3	390,000	14.7
	負債合計		1,316,000	65.6	1,680,200	70.0	2,235,000	75.6	2,191,000	78.2	2,121,000	77.7	1,971,000	74.3
純資産	株主資本	資本金	200,000	10.0	280,000	11.7	400,000	13.5	500,000	17.9	500,000	18.3	500,000	18.9
		その他利益剰余金	490,000	24.4	440,000	18.3	320,000	10.8	110,000	3.9	110,000	4.0	180,000	6.8
	その他	評価換算差額等	0	0.0	0	0.0	0	0.0	0	0.0	0	0.0	0	0.0
	純資産合計		690,000	34.4	720,000	30.0	720,000	24.4	610,000	21.8	610,000	22.3	680,000	25.7
負債・純資産合計			2,006,000	100.0	2,400,200	100.0	2,955,000	100.0	2,801,000	100.0	2,731,000	100.0	2,651,000	100.0

案します。そのうえで、売上原価の増加率が、売上の増加率を超えないように予算編成を行います。

【図表11　中期経営再建計画（損益計算書項目）】

金額単位：千円

	科目	第1期(実績)	構成率(%)	第2期(実績)	構成率(%)	第3期(実績)	構成率(%)	第4期(計画)	構成率(%)	第5期(計画)	構成率(%)	第6期(計画)	構成率(%)
損益計算書	売上高	3,000,000	100.0	3,500,000	100.0	4,000,000	100.0	4,100,000	100.0	4,200,000	100.0	4,300,000	100.0
	売上原価	2,490,000	83.0	2,940,000	84.0	3,400,000	85.0	3,403,000	83.0	3,360,000	80.0	3,225,000	75.0
	売上総利益	510,000	17.0	560,000	16.0	600,000	15.0	697,000	17.0	840,000	20.0	1,075,000	25.0
	販売管理費	510,000	17.0	630,000	18.0	760,000	19.0	656,000	16.0	672,000	16.0	688,000	16.0
	営業利益	0	0.0	-70,000	-2.0	-160,000	-4.0	41,000	1.0	168,000	4.0	387,000	9.0
	営業外収益	10,000	0.3	10,000	0.3	10,000	0.3	10,000	0.2	10,000	0.2	10,000	0.2
	営業外費用	50,000	1.7	50,000	1.4	50,000	1.3	50,000	1.2	50,000	1.2	50,000	1.2
	経常利益	-40,000	-1.3	-110,000	-3.1	-200,000	-5.0	1,000	0.0	128,000	3.0	347,000	8.1
	当期純利益	-50,000	-1.7	-120,000	-3.4	-210,000	-5.3	0	0.0	70,000	1.7	200,000	4.7
費用区分	変動費	1,050,000	35.0	1,178,100	33.7	1,248,000	31.2	1,420,650	34.7	1,491,840	35.5	1,565,200	36.4
	固定費	1,950,000	65.0	2,391,900	68.3	2,912,000	72.8	2,638,350	64.4	2,540,160	60.5	2,347,800	54.6
	費用合計	3,000,000	100.0	3,570,000	102.0	4,160,000	104.0	4,059,000	99.0	4,032,000	96.0	3,913,000	91.0
損益分岐点	限界利益	1,950,000	---	2,321,900	---	2,752,000	---	2,679,350	---	2,708,160	---	2,734,800	---
	限界利益率(%)	65	---	66	---	69	---	65	---	64	---	64	---
	損益分岐点	3,000,000	---	3,605,517	---	4,232,558	---	4,037,261	---	3,939,454	---	3,691,509	---
	損益分岐点比率(%)	100.0	---	103.0	---	105.8	---	98.5	---	93.8	---	85.8	---
	安全率(%)	0.0	---	-3.0	---	-5.8	---	1.5	---	6.2	---	14.2	---

注：損益分岐点分析の利益は、営業利益としています。そのため、売上原価と販売管理費を加えた額（費用合計）に対して変動費と固定費を区分けしています。
　　構成率は売上高に対する比率です。

50

第3章　中・長期経営再建計画と企業体質を改善・強化するための方針管理

【図表12　主要経営指標分析表】

	分析項目	分析の方法	第1期(実績)	第2期(実績)	第3期(実績)	第4期(計画)	第5期(計画)	第6期(計画)
収益性	総資本経常利益率	100×経常利益／総資本	-2.0	-4.6	-6.8	0.0	4.7	13.1
	売上総利益率	100×売上総利益／売上高	17.0	16.0	15.0	17.0	20.0	25.0
	営業利益率	100×営業利益／売上高	0.0	-2.0	-4.0	1.0	4.0	9.0
	経常利益率	100×経常利益／売上高	-1.3	-3.1	-5.0	0.0	3.0	8.1
	限界利益率	100×(売上高－変動費)／売上高	65.0	66.3	68.8	65.4	64.5	63.6
	損益分岐点比率	100×損益分岐点売上高／売上高	100.0	103.0	105.8	98.5	93.8	85.8
効率性	総資本回転率（回）	売上高／総資本	1.5	1.5	1.4	1.5	1.5	1.6
	売上債権回転率（回）	売上高／売上債権	3.8	3.9	3.2	3.7	4.2	4.5
	棚卸資産回転率（回）	売上高／棚卸資産	10.0	9.2	10.0	11.7	14.0	14.3
	有形固定資産回転率（回）	売上高／有形固定資産	5.7	4.8	4.4	5.1	5.6	6.1
安全性	手許流動性比率	(現金・預金＋流動資産の有価証券)／(年間売上高÷12)	1.2	0.9	0.4	1.0	1.4	1.5
	流動比率	100×流動資産／流動負債	9.7	103.8	103.5	102.9	104.0	113.9
	固定比率	100×固定資産／自己資本	92.1	122.2	163.1	163.9	152.5	125.0
	固定長期適合率	100×固定資産／(自己資本＋固定負債)	86.4	94.1	95.1	95.2	93.0	79.4
	自己資本比率	100×自己資本／総資本	34.4	30.0	24.4	21.8	22.3	25.7

【図表 13　経営実績の分析と計画への反映事項】

1	売上高の実績値は増加傾向にありますが、今後の経営環境を考えれば大幅な増加は見込めません。
2	売上原価の構成率は増加傾向にあります。これに歯止めをかけるとともに、一層の低減化が必要です。研究開発型企業であり、技術力重視に陥りやすい傾向がありますので、作業改善による製造経費の削減等についても検討せねばなりません。
3	売上総利益は、上記1と2の関係で決まりますが、減少傾向が続いており問題です。設計・製造の効率化等により、利益を改善しなければなりません。
4	販売管理費の構成率が増加傾向にあるために営業利益が減少して、かつマイナスになっています。そのため、販売管理費の構成率を低下させねばなりません。人件費や減価償却費など費用の構成比率の高い科目をチェックしてその削減に努めます。
5	変動費は売上高の伸び率以下に抑えられていますが、固定費は売上高以上の伸び率となっています。そのためにこれを圧縮しなければいけません。稼働率の低い設備や人件費等を見直す必要があります。
6	損益分岐点比率が100％以上となっていますので90％以下を確保できるよう対策を打たねばなりません。変動費や固定費の見直しが必要です。
7	現金及び預金が極端に減少して財務安全性が低下していますので、増資や借入等により増加させねばなりません。
8	売上債権が大幅に増加しています。資金繰り上、問題であるために回収効率を上げて減らす必要があります。
9	有形固定資産が大幅に増加しています。稼働率の低い資産を除却するなどにより圧縮する必要があります。
10	買掛債務が減少し、短期借入金が増加しています。資金繰りの観点からこの傾向を逆転させる必要があります。
11	長期借入金も大幅に増加しましたので、資金繰りを考慮しつつ返済計画を立てて減少させるようにしなければいけません。
12	「その他利益剰余金」の減少を増資によって補っています。営業利益や当期純利益を増加させて「その他利益剰余金」の減少を食い止めねばなりません。
13	総資本経常利益率がマイナスであるうえ、年々悪化しています。総資本回転率と経常利益率をにらみながら、プラスになるよう計画しなければなりません。
14	総資本回転率は1．5程度を確保していますが、これを低下させないようにしなければいけません。特に売上債権回転率と有形固定資産回転率が低下傾向にありますので注意が必要です。有効に活用できていない資産の処分等を検討する必要があります。また、売上債権の回収スピードが悪くなり、売上債権が前期より大幅に増加した場合には、流動比率や当座比率は上昇し、支払能力が向上したように見えます。しかし、実際は資金の減少を起こしているので注意が必要です。
15	手許流動性比率が大幅に悪化しています。増資や借入等により、現金・預金の積み増し等が必要です。

第3章　中・長期経営再建計画と企業体質を改善・強化するための方針管理

経営分析に基づき、中・長期経営計画を立案

前述の経営分析に基づき、次の点に留意して中・長期経営計画を立案しました。

① 企業が成長していくためには、人員、投下資本、コスト等の伸び以上に、売上高を伸ばしていく必要があります。

　しかし、受注や、売上高を大きく伸ばし得ない環境にあっては、売上高の伸びよりも、売上原価の低減に重点を置きます。その結果として、売上高の伸び率以上に総利益、営業利益、経常利益、純利益等が伸びる計画としました。

② 財務基盤を確立するために増資を行います。また、売上債権の回収期間の短縮化と買掛債務の支払期間延長に努め、資金繰りの負担をできるだけ軽くします。さらに、不要な固定資産を除却して、総資本を当面可能な限り圧縮します。

2　年度収支計画の立て方

社長：中・長期経営計画に対する君の考えはよくわかった。次に年度経営計画を作成する際の考え方を具体的に聞きたい。

企画管理部長：中・長期経営計画は上述のようにかなりマクロな観点からその方向性を見い出し

53

てきました。

それに対して年度収支計画は、中・長期経営計画の方向性を維持しつつミクロな観点で捉えなければなりません。すなわち、どんぶり勘定から抜け出すために、売上と原価の中身を各製品の品目別に把握したうえで、利益管理をしなければなりません。そのために必要な様式例を、図表14の「部別品目別収支計画」および新たに導入した図表15の「部別収支計画」に示します。

図表15では、計画と実績を対比して、どの製品のどの費目に差異が発生して問題なのかを明らかにすることが、後に述べます原価管理の点からも重要です。

事業部共通費や部内共通費の配賦の考え方

図表15にある事業部共通費や部内共通費の配賦の考え方については、「第6章 原価管理の強化」を参照してください。収支計画の売上合計額は、図表15の売上額に受注確度を乗じて算出する等の考慮が必要です。

その場合、売上額に受注確度を乗じるだけでなく、要員数、労務費、材料費、外注費、部内共通費、事業部販売管理費、などの費用についても受注確度を乗じることはいうまでもありません。

また、損益予算計画の立て方の具体的な方法については、拙著「経理をいきなり任されたら読む本」(参考文献5)の第6章「損益予算計画・キャッシュフロー予算計画を作成しよう」を参考にしていただければありがたく思います。

第3章　中・長期経営再建計画と企業体質を改善・強化するための方針管理

【図表14　年度　部収支計画】

	事業部長	部長
平成　年度　部収支計画		

売上

	(1)今年度計画	(2)前年度見込み	増減(1)-(2)
一般商用小計			
一般試作小計			
親会社商用小計			
親会社試作小計			
売上合計			

支出

	(1)今年度計画	(2)前年度見込み	増減(1)-(2)
労務費			
事業部共通費負担			
材料費・消耗品			
外注費			
部内共通費			
製造費用			
期首棚卸			
期末棚卸			
売上原価			
売上総利益			
事業部販売管理費			
本社販売管理費			
総費用			
部営業利益			
部売上／人			
営業利益／人			
損益分岐点比率（％）			
要員数			

【図表15　年度　部　品目別収支計画】

品名	担当	発注元	売上	要員数	労務費	材料費	外注費	部内共通費	製造費用	期首棚卸	期末棚卸	売上原価	売上総利益	事業部販管費	本社販管費	総費用	営業利益	受注確度
親会社試作小計																		
親会社商用小計																		
一般試作小計																		
一般商用小計																		
合計																		

平成　年度　　　　部　品目別収支計画

事業部長　　　　部長

3 中・長期経営再建計画の作成と年度経営計画

中・長期経営再建計画は、指標的なものであり、目標的なものですから、これを実施していくためには、毎年実行予算としての年度計画としていかねばなりません。

年度経営計画は、全社計画→各部門別計画→毎月の実行予算にまで細密に分解し、実施した後、毎月月次決算を早めに出して、実績のチェックを行い、次月以降の対策を立てて、計画に近い実績を上げていく必要があります。

いくら立派な中・長期経営計画を立てても、それを実施する年度経営計画システム、さらには毎月の予算管理がしっかりしていなければ、結局は計画倒れとなる恐れが多分にあります。後に説明します「4 方針管理とは」の実施が必要となる所以です。

以下に年度経営計画と中・長期経営再建計画の例を示します。

(1) 年度経営計画

基本方針‥　単年度黒字化の達成

(2) 具体的目標：売上は前年度と同程度を確保、経常利益黒字化を達成

(3) 重点施策：①提案型受注により、開発試作受注の増大 ②設計・生産効率化、支出の徹底削減による利益率向上

中・長期経営再建計画

(1) 基本方針： 高付加価値のICやモジュール、装置開発への取組みを強化するとともに、とりわけ固定費を低減させることにより利益を出しやすい企業体質に変え、赤字体質から脱出します。

(2) 具体的目標： 3期以上継続して経常利益の黒字化を維持します。

(3) 重点施策： 上記目標を達成するため、次の項目を重点施策として取り上げます。これらについては、以下の各章で詳しく述べることとします。

- 企業内業務の効率化を推進するため、ISO9001を導入します。
- 利益計画を確実にするための時宜を得た月次決算制度を実施します。
- コスト削減を効果的に進めるための原価管理や資材・購買・外注管理を強化します。
- 設計、生産の効率化を図るため、設計・製造リードタイムを短縮します。
- 中・長期的に売上や利益を確保するための研究開発および設備投資を着実に実施します。

58

第3章 中・長期経営再建計画と企業体質を改善・強化するための方針管理

4 方針管理とは

社長：年度計画をきっちりとこなしていく方法として「方針管理」という手法があると聞いているがどのようなものかね。

企画管理部長：以下に説明します。

経営再建計画の実施

第3章の1で述べた経営再建計画を実施していくために、「経営方針に基づき、中・長期経営計画や短期経営方針を定め、それらを効率的に達成するために企業組織全体の協力のもとに行われる活動」である方針管理の手法を導入することとしました。

ここでは、次の諸点がポイントとなります。

① 経営方針とは、その企業の経営理念やその実現のための基本的指針を明らかにしたものであり、長期的視野に立った方針を策定し、推進することが大切です。

② 中・長期経営計画（3～5年計画）の策定にあたっては、経営資源の実態把握、ならびに経営環境の変化予測を盛り込むことが重要です。

59

【図表16　方針管理の実施事項】

1	事業部は、「社方針」を展開して「事業部方針」を設定し、組織内に周知します。
2	部、部門等は「事業部方針」に基づき対応する組織に応じた「部、部門等の方針および重点施策」を設定し、組織内に周知します。
3	「重点施策」は、達成度が測定可能であるように「管理項目および目標（値）」を設定します。
4	部、部門長等は、「目標（値）」の達成のために実施された活動に対して、レビューを行い、事業部長に報告します。
5	管理項目、目標（値）、実施状況およびレビュー結果は記録します。
6	事業部長は、「重点施策計画」に基づいて実施され、「実施報告」で報告されたことに対して、レビューを行います。
7	レビューの結果は、次期計画に反映させ、継続的に改善活動を行います。

③　短期経営方針は、具体的な経営目標（利益、生産、売上、原価、品質など）と、それらを達成するための重点施策（上位の重点施策を担当者レベルにまで展開する）をもって示されます。

④　短期経営方針の策定にあたっては、中・長期経営計画に基づくとともに、前期までの実績に対する差異分析などを行い、未達成原因を明らかにし、それに対する処置を織り込むことが必要です。

方針管理では、事業部で図表16の事項を実施します。すなわち、事業部では、「社方針」を受けて「事業部方針」を設定します。部や部門等は同様にして「部、部門等の方針および重点施策」を設定します。

このように上位の方針を下位まで一貫して展開することが重要です

60

5 方針管理を実施するための様式例

社長：　方針管理の具体的な実施方法について聞きたい。

企画管理部長：　図表17に事業部方針管理の記載様式と内容の一例を示します。図表18に図表17の様式の各項目について説明します。

また、各部では事業部の方針、重点施策を担当者レベルにまでブレークダウンし、方針管理計画書／報告書を作成します。図表19に各部担当者の方針管理重点施策計画書様式の一例を示します。

実施結果の評価については、重点施策ごとに目標値と実績値との差異、および実施項目に関する実施状況を月次ごとにチェックするとともにその対策を含めて四半期ごとに報告書を提出させます。

重要問題の解決にあたっては、QC的問題解決法を意識して実施するのがよいと思います。問題解決型QCストーリーは、主としてQC的門問題解決法の実施内容については図表20に示します。問題解決型QCストーリーは、主として悪さの原因を究明し、その原因を取り除くことによって目標を達成するので、「現状の把握」と「要因の解析」が主体となります。

一方、課題達成型QCストーリーは「現状打破」「魅力的品質の創出」「予測される課題への対処」といった「良さ」の追求であるため、その良さを実現するための「方策立案」が主体となります。

【図表17　年度設計事業部方針計画書／報告書の一例】

事業部の使命：
設計の効率改善と品質向上で原価率を改善し、顧客要求に合致した製品をタイムリーに提供して、製品売り上げの維持・拡大を図る。

事業部方針：
一般試作品、商用品売上の維持・拡大および製品開発リードタイム、コストを半減化する。

重点施策と管理項目

No.	重点施策	管理項目	目標値	実績値
1	新製品の開発や新規顧客の開拓による一般試作品の売上拡大	売上額前年度比	5%以上	
		開拓顧客数	8件以上	
2	進捗管理の強化による納期遅延件数の減少	前年度比	20%低減	
3	情報共有化による設計資産利用件数の増大	前年度比	20%以上	
	主要設計工程短縮による商用品開発リードタイムの短縮	前年度比	30%以上	
4	規定類の整理統合による品質システムのスリム化	規定類の削減率	10%以上	
5	設計、検査工程改善によるコストの低減	コスト削減率	20%以上	
	設計、検査の予実工数誤差の低減による適正原価の設定	予実工数誤差20%以内の品目数	70%以上	
6	工程改善による失敗コストの減少	コスト低減／収入比率の前年度比	20%低減	

【図表18　方針管理記載様式の内容】

1	事業部の使命	現状の問題点と方針管理の考え方を踏まえたうえで記載します。
2	事業部方針	前期の活動実績、すなわち方針に対する目標値、実績値の推移、達成度の評価等について反省したうえで、今期に自部門で取り上げる方針を策定します。
3	重点施策	年度経営計画、上位方針、自部門の業務を考慮したうえで、観念的な題目ではなく経営上重要な問題を重点的かつ具体的な重点施策を設定します。いくつかの方策の中でも最も効果が大きく、実現性の高いものを選びます。長期的な展望を持って挑戦目標を掲げて進めることが重要です。
4	管理項目の設定	部門の担当する業務について、目的通りに実施されているかを判断し、必要な処置をとるために定めた項目（尺度）を管理項目といい、これを設定します。方策によく対応する管理項目を設定して、目標と実績との差異を分析し、もし未達ならばその原因、つまり結果を生み出すプロセス（仕事の仕組み、やり方、進め方）の中に悪さを発見し、改善を加えます。
5	目標値の設定	目標値はかなり努力しないと達成できない水準に設定します。ただし、達成不可能な水準を設定することは意味がありません。

第 3 章　中・長期経営再建計画と企業体質を改善・強化するための方針管理

【図表 19　方針管理重点施策計画書】

方針管理重点施策計画書		日付印	部長	担当者
所属	XXX　　事業部 YYY　　部	実施担当者		

部方針	
重点施策	

【現在の問題点】

【具体的実施策】

【管理項目】	【年度中間期目標値】	【年度末目標値】

【計画・実施項目】	【計画・実施線表】

【図表20　ＱＣ的問題解決法の実施内容】(7)

ステップ	課題達成型ＱＣストーリー	問題解決型ＱＣストーリー
	【テーマの選定】 ① 自分たちの困っていることや職場の課題などから問題・課題を洗い出し、その中から取り組む必要性やサークルの実力などの面から評価して絞り込み、取り組む問題・課題を決める。 ② 取り組む問題・課題を効果的・効率的に解決するため、適用するＱＣストーリーを判定して決める。 ③ 確実に推進できるように、完了までの全体の日程や役割分担などの活動計画を立てる。	
	【課題の明確化と目標の設定】 ① 実施する課題について、いろいろな角度から現状レベルと要望レベルを調査し、そのギャップを明確にして、どこを重点にして方策案を検討して行くのか、「攻めどころ」を決める。 ② 攻めどころについて要望レベルをどこまで達成するか（目標）を決める。	【現状の把握と目標の設定】 ① 取り組む問題について、いろいろな角度から悪さの事実を調査して、悪さ加減を浮きぼりにし、全体の悪さに大きく影響している重要問題を見つける。 ② 悪さをどこまで改善するか（目標）を決める。
	【方策の立案】 攻め所に焦点を当て、目標達成可能と思われる方策案（アイデア）をたくさん出す。その中から、実現性にとらわれずに「期待効果」についてのみ評価し、有効な方策をいくつか選び出す。	【要因の解析】 悪さの原因と考えられる要因を洗い出し、その中から重要な要因を抽出して、さらに事実・データで検証し、真の原因を見つける。
	【最適策の追求】 選び出した方策を実現させる具体的な方法を検討し、さらに実施上の問題や障害を取り除く手段を検討して、総合的に利害得失の評価を行う。そして、その中から最適策を抽出する。	【対策の立案】 真の原因を取り除く方法（対策案）をいろいろ立案し、効果・実現性などについて評価して絞り込む。
	【最適策の実施】 最適策の実行計画を立てて実施する。	【対策の実施】 最適策の実行計画を立てて実施する。
	【効果の確認】 ① 最適策あるいは対策実施後、当初ねらった目標に対してどのような結果になったか、また、ねらった直接効果以外の効果はどうかなど、事実・データで確認する（有形効果）。 ② 活動を通して、サークルや個人がどのように成長したかを自己評価し、確認する（無形効果）	
	【歯止め】 効果が元に戻らないように維持・管理する方法を検討して実施し、さらに効果が持続しているかどうかを確認する。	
	【反省と今後の計画】 今後の活動をレベルアップさせるために、今回の活動における課題達成型あるいは問題解決型ＱＣストーリーの進め方と、サークル運営などについて反省し、良かった点・悪かった点などとともに、残された問題・課題などを明確にして、今後の活動に活かす計画を立てる。	

第4章　ISO9001の導入

1 ISO9001とは

社長：ISO9001を導入する企業は多いと聞いているが、君の考えを聞かせてほしい。

企画管理部長：企業規模が拡大するにつれて、管理の限界が生じてきます。そのため、企業内業務をできる限り標準化する必要があります。企業体質を改善・強化するためには業務の仕組みを向上させることが重要です。実施している業務を「仕組み」として組み込み、「仕組み」に基づいて仕事をします。そしてその「仕組み」を見直し、改善して高度化します。そうすることによって、「良い仕組み」で「良い仕事」が「効率よく、効果的に、誰にでも」できるようになります。

その結果、企業の目的、目標が達成できるようになります。

このような仕組みを確立するためにISO9001を導入します。本章では、①ISO9001とはどのようなものか、②ISO9001を取得するメリット、③ISO9001の要求事項の概要、④ISO9001受審審査の進め方、等について説明します。

ISO（国際標準化機構）

ISO（国際標準化機構）によって、1987年に制定された「品質管理および品質保証の規格のこ

第4章 ＩＳＯ 9001の導入

とで、製品そのものではなく、企業の品質保証体制についての要求事項を規定した国際規格」のことです。すなわち、購入者に対して、仕事の進め方が合理的でかつ、品質管理を組織的に実施して製品をつくっていることを第三者に保証してもらう仕組みの認証であり、製品の品質そのものを認証するものではありません。

したがって、認証のための審査は、製品の品質チェックではなくて、実際の仕事のやり方が、後述する品質マニュアルどおりに実施されているかどうか、実施されていることを証明できる記録類が残されているかどうかを主体にチェックすることになります。

ＩＳＯ9001の基本3要素

まず第1番目は、仕事のやり方を文書化します（標準の設定）。具体的には、仕事の仕組み、ルールの明確化、責任と権限の所在の明確化、判断事項における判断基準の明確化、等です

第2番目は、文書に基づいて実行することです。

第3番目は、記録を残す事です。すなわち、実行していることを証明する記録、報告、データを保存することです。認証取得の第一関門として文書（標準）の整備が重要課題となります。

品質マニュアルとは

各種品質管理基準、作業をするための手順を書いたもので、品質システムを文章化した規定書で

67

す。①組織部門の手順、管理基準、技術標準、②作業手順、作業法、操作法、③記録、証拠品、報告、データ、等から構成されます。

品質マニュアルには、上記手順をそのまま記述してもよいのです。いずれにしても品質マニュアルは、ISO9001規格に適合するための根幹となる最上位の文書として位置付けられています。

ここで、品質管理とは、買い手の要求にあった品質の製品またはサービスを、経済的につくり出すための手段の体系のことをいいます。

また、品質システムとは、品質管理をするための実行手段である、組織・権限・手順・工程・記録等を含む経営資源のことです。

2 ISO9001取得のメリット

社長：　ところでISO9001を取得するとどのようなメリットがあるのかね。

企画管理部長：　企業にとって、ISO9001取得のメリットは、品質マネジメントシステムの構築により社内の経営体制が整備されるほか、図表21に示すようなメリット・デメリットがあります。

68

第4章　ＩＳＯ9001の導入

【図表21　ＩＳＯ９００１認証取得のメリット・デメリット】

メリット	1	社員の品質意識が向上します。
	2	文書化することにより仕事の仕組みを改善でき、また、文書管理を徹底することにより、これらの文書を整理し、共有文書として活用することができます。さらに、手順・手順書作成による技術の蓄積・技能の伝承が行えます。
	3	業務効率の改善や生産性の向上を図れます。
	4	品質問題解決によりクレームが減少します。
	5	顧客満足度を向上させることができます。
	6	企業の社外へのPR効果があります。
	7	ＩＳＯ９００１認証取得を求めている行政機関への公共工事等の入札に参加することができます。
	8	国際規格としての審査登録を取得すれば海外市場に参入することができます。
デメリット	1	整備工数がかかります。
	2	文書量が増え、文書の改訂作業を頻繁にしなければならないなど文書管理に偏重しがちになりやすいです。
	3	文書化した規定の内容を従業員すべてに徹底的に理解させるようにしなければ、文書の内容と実態が合わなくなる恐れがあります。
	4	品質改善活動が手薄になりやすいという傾向が出てきます。

3 ISO9001の要求事項の概要

社長：ISO9001の具体的な内容について知りたいのだが…。

企画管理部長：品質システムの要求事項とは、組織が顧客に提供する製品（サービスを含む）の品質を保証するとともに、顧客の満足を向上させるために必要な事項であり、品質マネジメントシステム、経営者の責任、資源の運用管理、製品実現、等が要求されています。品質システム要求事項を図表22に示します。0章から8章までの構成となっています。

要求事項の概要

また、やや長くなりますが、図表23に要求事項の概要を示します。

次に当社の主要業務の1つであるLSI開発管理規定の一部内容を紹介します。

やや詳細すぎるきらいがありますが、受注LSIの開発工程のフローごとにどのような手順、手続が必要かを示したものであり、各工程ごとに、①その工程に関連する規定類、②その工程を開始するにあたって必要となるインプット、③その工程で実施する処理内容、④その工程が終了時に得られる出力情報であるアウトプット、⑤その工程を処理する作成者、確認者、承認者、

70

第4章　ＩＳＯ9001の導入

【図表 22　ＩＳＯ9001 品質マネジメントシステム要求事項】

章	章の内容	章の項目等	
0	序文	プロセスアプローチ他	
1	適用範囲	1.1	一般
		1.2	運用
2	引用規格	ISO9004規格引用	
3	定義	用語の定義	
4	品質マネジメントシステム	4.1	一般要求事項
		4.2	文書化に関する要求事項
5	経営者の責任	5.1	経営者のコミットメント
		5.2	顧客重視
		5.3	品質方針
		5.4	計画
		5.5	責任、権限およびコミュニケーション
		5.6	マネジメントレビュー
6	資源の運用管理	6.1	資源の提供
		6.2	人的資源
		6.3	インフラストラクチャー
		6.4	作業環境
7	製品実現	7.1	製品実現の計画
		7.2	顧客関連のプロセス
		7.3	設計・開発
		7.4	購買
		7.5	製造およびサービス提供
		7.6	監視機器及び測定機器の管理
8	測定、分析および改善	8.1	一般
		8.2	監視及び測定
		8.3	不適合製品の管理
		8.4	データの分析
		8.5	改善

【図表23 ISO9001の要求事項概要】

0章	序文	組織内において、業務のプロセスを明確にし、その相互関係を把握して、組織を運営、管理するアプローチをとることを推奨しています。
1章	適用範囲	ISO9001規格は、業種とか提供する製品（サービスを含む）や企業の規模に関係なくどのような組織にも適用できます。 また、設計・開発企業が、購買、製造およびサービスの提供などの業務に関わっていなければ、関わっていない業務の項目については規格を適用しなくてもよいのです。
2章	引用規格	ISO9001規格の用語は、その他ISO9000ファミリー規格と用語の統一化を図るため、ISO9000規格を引用しています。また、ISO9004規格は、組織の利害関係者の満足向上を図るための組織内部のパフォーマンスと効率の継続的な改善を図るための指針（手引書）となっています。そのため、ISO9001規格の認証取得後はISO9004規格を参考にして組織のパフォーマンスの改善に活用することが望ましいです。
3章	定義	ISO9001で使用する用語の定義に関しては、上述のISO9000規格に規定されている定義を適用しなければなりません。
4章	品質マネジメントシステム	4.1 一般要求事項 品質マネジメントシステムを確立し、文書化し、実施し、維持することが求められています。品質マネジメントシステムとは、製品（サービスを含む）を実現するために、品質の方針および目標を定め、その目標を達成するための仕組みのことです。 4.2 文書化に関する要求事項 次のような事項を文書化することが要求されています。 ・品質方針および品質目標 ・品質マニュアル（組織の品質マネジメントシステムを規定する文書） ・ISO9001が要求する「文書化された手順」、すなわち文書管理、品質記録の管理、内部監査、不適合製品の管理、是正処置、予防処置の文書化が要求されています。 ・組織内プロセスの効果的な計画、運用および管理を確実に実施するための「組織が必要と判断した文書」 ・ISO9001が要求する「記録」。記録とは、達成した結果を記述した、または実施した、活動の証拠を提供する文書のことです。
5章	経営者の責任	5.1 経営者のコミットメント 経営者（ISO9001認証にかかわる組織の長）は品質マネジメントシステムの計画、実施および改善に深く関与しなければなりません。次の点に関与することが大切です。 ・「法令、規制を守る」「お客様の要求事項を満たす」ことを組織構成員に周知します。 ・後述する品質方針を設定します。 ・後述するマネジメントレビューを実施します。 ・必要な経営資源（人的資源、物的資源、作業環境など）を提供します。

第4章　ＩＳＯ 9001の導入

5章	経営者の責任	5．2　顧客重視 　顧客満足の向上を目指して、経営者は、顧客要求事項を決定し、確実に満たすようにします。
		5．3　品質方針 　品質方針を設定し、文書化しなければなりません。品質方針とは、経営者によって正式に表明された、品質に関する組織の全体的な意図および方向付けのことをいいます。
		5．4　計画 　品質に関してどこまで追求し、目指すのかを設定した品質目標および4．1の「一般要求事項」を満たすための全体計画を作成します。
		5．5　責任、権限およびコミュニケーション 　組織における責任、権限を明確にし、周知するための仕組みをつくります。また、組織内におけるコミュニケーションを行うための場や仕組みを整備します。
		5．6　マネジメントレビュー 　マネジメントレビューとは、経営者が組織の品質マネジメントを自ら評価し、意思決定し、改善の指示をすることをいいます。自組織の品質マネジメントシステムが、適切で、妥当で、有効であるようにします。
6章	資源の運用管理	6．1　資源の提供 　組織は、「人的資源」「インフラストラクチャー」「作業環境」等の資源を明確にし、確実に提供できるように「仕組み」をつくらねばなりません。
		6．2　人的資源 　組織において、製品の品質に影響がある仕事（業務）は、その仕事（業務）に必要な「力量」を持った人に行わせます。例えば、設計者が製品の設計業務を行うとき、設計者に力量がなければ、顧客要求事項を満たした設計ができません。当然、その製品の設計に必要な力量をもつ設計者に担当させねばなりません。
		6．3　インフラストラクチャー 　組織は製品要求事項を満たすために必要とされるインフラストラクチャーを明確にし、計画して、それを提供し、保全し、維持しなければなりません。ここで、インフラストラクチャーとは、組織の運営のために必要な施設、設備およびサービスに関するシステムのことをいいます。
		6・4　作業環境 　組織は、提供された資源が有効に活用され、製品要求事項へ適合させるために、特に管理しなければ影響が出るような作業環境を明確にしたうえで、その運営管理をしなければなりません。

7章	製品の実現	7．1　製品実現の計画 　製品の特性を十分考慮して製品を製造、またはサービスを提供するには何をしなければならないかを明確にします。つまり製品実現に必要なプロセスを計画、構築し、実際に製品が製造、またはサービスが提供できるようにします。
		7．2　顧客関連のプロセス ・製品に関連する要求事項を明確にし、要求事項のレビューを行います。レビューとは「設定された目標を達成するための検討対象の適切性、妥当性および有効性を判定するために行われる活動」のことをいいます。 ・営業が主体となり、顧客とのコミュニケーションの方法を明確にして実施します。
		7．3　設計・開発 ・設計・開発の計画書を作成し、段階ごとにレビューを行い、設計の妥当性の確認を行います。 ・設計・開発のインプット（機能・性能の要求事項、法令・規制の要求事項、過去の類似設計からの情報など）を明確にし、記録します。 ・設計・開発からのアウトプットをインプットと対比検証できる様式で提示します。また、製品の合否判定基準を明確にします。 ・設計・開発の体系的なレビューを行います。設計開発のレビューとは、設計・開発した結果が、本当に顧客または組織が決めた製品要求事項を満たすのかどうかを評価し、問題があれば、こう処置しなければならないと提案することをいいます。 ・設計・開発の検証を行い、アウトプットがインプットの要求事項を満たすか確認します。 ・設計・開発の妥当性を確認し、最終的に製品が用途に応じた要求事項を満たすことを確認します。 ・設計・開発の変更を行う場合は、変更の内容を明確にしたうえでレビューを行い、変更実施前に承認を得ておかねばなりません。
		7．4　購買 ・購買製品が組織の決めた購買要求事項に適合するようにするため、供給者を評価、選定し、管理します。 ・購買情報を供給者に提示し、顧客が希望する購買製品を入手するようにします。 ・購買製品が要求事項を満たしているか、受入検査や立会検査などにより検証します。
		7．5　製造およびサービス提供 ・製造メーカーでは製品の製造、サービス業界では製品であるサービスの提供を計画し、作業手順や適切な設備などが管理された状態で利用できるようにして、顧客の要求事項を満たした製品を提供しなければなりません。 ・製造およびサービス提供に関するプロセスの妥当性、すなわち意図された用途または適用に関わる要求事項を満たしていることを客観的証拠などに基づき確認しなければなりません。 ・製品名、顧客名、型式名、製造番号、ロット番号などを表示し、製品の識別およびトレーサビリティができるようにしなければなりません。

第4章　ＩＳＯ 9001 の導入

7章	製品の実現	7．6　監視機器および測定機器の管理 ・顧客に提供する製品が顧客要求事項に適合していることを実証するために、監視機器、測定機器の管理手順を決めねばなりません。 ・管理対象測定機器は、測定値の正当性を保証するために、計量標準に基づいて校正・検証（確認）しなければなりません。
8章	測定・分析および改善	8．1　一般 　顧客要求事項に適合する製品を供給し続けるために、製品の適合性や品質マネジメントシステムの適合性などを監視・測定・分析および改善を計画するとともに、実施しなければなりません。
		8．2　監視および測定 ・顧客満足をアンケート調査などにより監視しなければなりません。 ・品質マネジメントシステムの適合性・有効性を検証するために内部監査を行わねばなりません。 ・内部監査（組織内部の監査員が、品質マネジメントシステムが確実に実施されているかどうかをチェックすること）の手順を規定しなければなりません。 ・合否判定基準を設定し、製品の特性を監視・測定（製造業では製品を検査・試験、サービス業ではサービスをチェックすること）しなければなりません。
		8．3　不適合製品の管理 　不適合製品の使用・引渡しを防ぐために、不適合品を識別する等の管理をしなければなりません。
		8．4　データの分析 　顧客満足、製品要求事項への適合性、プロセスや製品の特性などのデータを明確にし、収集し、分析します。
		8．5　改善 ・品質マネジメントシステムの有効性を継続的に改善します。 ・起こってしまった不適合の原因を除去するため、是正処置の手順を決め、その文書化を行います。 ・これから起こり得る不適合を防止するために予防処置の手順を決め、文書化します。

　主管部門、関連部門等を記載しており、品質を工程内でつくりこむような仕組みとしています。他の設計・製造業においても共通的に使用できる内容ではないかと思います。

　図表24①～③を参考にしてください。

　図表24の①の「受注活動」について簡単に説明します。

　製品管理者は、顧客の製品企画、概略仕様や見積依頼に基づいて、仮見積書あるいは

75

【図表24 受注LSIの設計・開発工程フローとその内容例①】

工程	工程フロー	関連規定類	インプット	処理内容	アウトプット	作成	確認	承認	主管部門	関連部門
受注活動	受注活動	・仮見積書 ・守秘管理規定	顧客の製品企画、概略仕様、見積依頼	・製品の概略仕様、納期等により製品管理者を決定 ・見積依頼書を受領し、仮見積書、見積仕様書を作成	仮見積書、見積仕様書、顧客との会議録	製品管理者	グループ長	部長	設計各部	営業部
	製番発行		製番発行依頼書	顧客との打合せにより受注確度が高い場合、製番発行依頼書を作成	製番発行回答書	製品管理者	グループ長	営業部長	営業部	設計各部 設計事業部
	受注条件の調整	・受注仕様書 ・経費積算書 ・設計工程表	顧客の製品企画、概略仕様、見積依頼	・見積仕様書の詳細化（製品仕様の提案） ・リソース、業務分担、開発線表、開発経費の明確化 ・見積条件の明確化	・受注仕様書 ・経費積算書 ・設計工程表 ・製品仕様書 ・顧客との会議録	製品管理者	グループ長	部長	設計各部	営業部
	受注見込 通知票起票	・受注見込通知書	受注見込通知書（様式）	・主管部および関連部門における受注見込額を算出し仕様書に記入 ・契約条件について顧客と十分相談すること	・受注見込通知書	製品管理者	グループ長	営業部長	設計各部 設計事業部 営業部	設計各部 設計事業部 生産管理部

見積仕様書を作成します。これらの見積書や顧客との会議録をグループ長に確認してもらったのち設計部長に承認してもらいます。

次の「製番発行」では、製品管理者は、製番発行依頼書を作成し、グループ長および営業部長の承認を得ます。また「受注条件の調整」では、同様にして見積仕様の詳細化やリソース、業務分担、開発線表、開発経費を明確化して、グループ長、設計部長の承認印をもらいます。

76

第4章　ＩＳＯ 9001 の導入

【図表24　受注ＬＳＩの設計・開発工程
　　　　　フローとその内容例②】

工程	工程フロー	関連規定類	インプット	処理内容	アウトプット	作成	確認	承認	主管部門	関連部門
受注審査／方針審査	受注審査	・設計審査規定	・受注仕様書 ・経費積算書 ・設計工程表 ・製品仕様書	・設計事業部会議にて受注の妥当性を審査 ・経費の見積根拠、開発線表、設計リソースを重点に審議	・受注仕様書（承認済） ・経費積算書（承認済） ・設計工程表（承認済） ・製品仕様書（確認済）	製品管理者	設計各部長	設計部長	設計各部	設計事業部 営業部
	見積書の提出／契約		・見積書	・LSI内製、外注の可否 ・顧客に見積書提出。契約を締結し、注文書を受取る	・注文書	製品管理者	設計各部長	営業部長	営業部	設計各部 設計事業部
	受注通知書兼製作指示書発行		受注通知書兼製作指示書（予定支出）	・各所の実績支出を算出（各工程終了時）	・受注通知書兼製作指示書（実績支出）	製品管理者	グループ長	営業部長	営業部	設計各部 設計事業部
	方針設計	・設計審査規定	・顧客要求事項 ・製品仕様書 ・設計工程表	・設計方針の明確化 ・製品仕様規格、各種設計事項の明確化 ・問題点予測とその対策の検討（代替案） ・過去の設計資産の調査	・設計方針書 ・製品仕様規格 ・検査規格（案） ・設計方針チェックリスト	担当者	製品管理者	設計部長	設計各部	製造事業部
	設計方針審査		・設計方針書 ・製品仕様規格 ・検査規格（案） ・設計方針チェックリスト	・次工程以降の具体的設計の可否判断 ・設計方針内容の審査	・承認された ・設計方針 ・製品仕様規格 ・検査規格（案） ・機能ブロック図 ・方針審査会議録 ・指摘表	担当者	製品管理者	設計部長	設計各部 設計事業部	製造事業部

図表24の②の「受注審査」について簡単に説明します。製品管理者が前の工程で作成した受注仕様書、経費積算書、設計工程表などを、設計各部長等から構成される設計事業部会議において、受注の妥当性を審議します。ここでは、経費の見積根拠、開発線表、設計リソースを重点に審議します。また、ＬＳＩの内製、外注の選定についても審議します。

77

【図表24　受注ＬＳＩの設計・開発工程フローとその内容例③】

工程	工程フロー	関連規定類	インプット	処理内容	アウトプット	作成	確認	承認	主管部門	関連部門
設計／検証	LSI設計（機能設計、論理設計、テスト設計、回路設計）	・製品仕様書規定 ・LSI設計標準 ・記録管理規定	・製品仕様規格 ・機能ブロック図 ・論理回路図 等 ・詳細は左記関連規定類に則り実施すること	・機能設計 ・論理設計 ・回路設計 ・テスト設計 ・製品仕様規格と設計値との照合　等	・論理回路図 ・論理シミュレーション結果報告書 ・回路図 ・回路シミュレーション結果報告書 ・テストパタン期待値との照合結果報告書と仕様規格と設計値との照合結果報告書　等	担当者	別の担当者またはグループ長	製品管理	設計各部	設計事業部
	設計レビュー（機能設計、論理設計、テスト設計、回路設計）	・設計審査規定 ・設計検証規定	・論理回路図 ・論理シミュレーション結果報告書 ・回路図 ・回路シミュレーション結果報告書 ・テストパタン期待値との照合結果報告書と仕様規格と設計値との照合結果報告書	・設計レビュー会議開催 ・各種レベルの設計・検証結果の妥当性、次工程以降判断の判定 ・詳細は左記関連規定類に則り実施すること	・会議録（次工程以降判断結果、条件等） ・指摘結果	担当者	グループ長	製品管理	設計各部	設計事業部
	設計変更	・設計変更規定 ・受注契約規定	・契約内容変更通知 ・設計変更内容 等	・変更の理由とその対策・方法、変更によって発生する予想される問題点及び効果を明確にする ・詳細は左記関連規定類に則り実施すること	・変更後の各種設計結果	担当者	グループ長	製品管理	設計各部	設計事業部

図表24の③の「ＬＳＩ設計」について簡単に説明します。この工程では、設計担当者が機能設計、論理設計、回路設計、テスト設計や、製品仕様規格と設計値との照合等を行います。別の担当者またはグループ長が確認した後、製品管理者が承認することになっています。

78

第4章　ＩＳＯ9001の導入

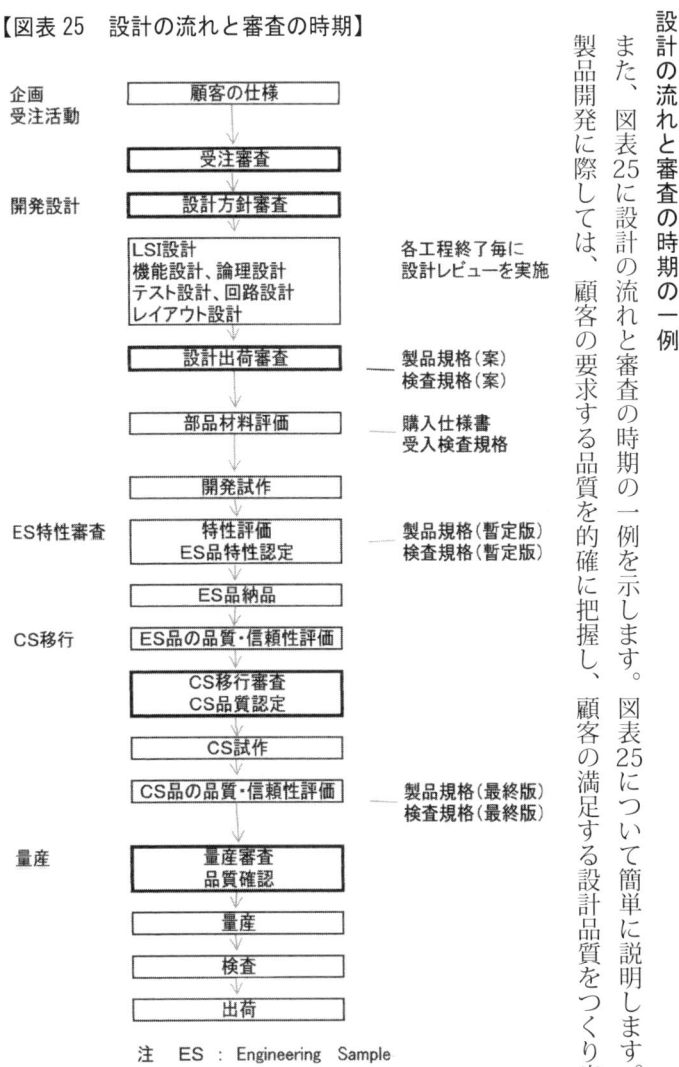

【図表25　設計の流れと審査の時期】

```
企画              ┌─────────────────┐
受注活動           │   顧客の仕様      │
                 └─────────────────┘
                        ↓
                 ┌─────────────────┐
                 │   受注審査        │
                 └─────────────────┘
                        ↓
開発設計           ┌─────────────────┐
                 │   設計方針審査    │
                 └─────────────────┘
                        ↓
                 ┌─────────────────┐
                 │ LSI設計          │      各工程終了毎に
                 │ 機能設計、論理設計 │      設計レビューを実施
                 │ テスト設計、回路設計│
                 │ レイアウト設計    │
                 └─────────────────┘
                        ↓
                 ┌─────────────────┐    ─ 製品規格(案)
                 │   設計出荷審査    │      検査規格(案)
                 └─────────────────┘
                        ↓
                 ┌─────────────────┐    ─ 購入仕様書
                 │   部品材料評価    │      受入検査規格
                 └─────────────────┘
                        ↓
                 ┌─────────────────┐
                 │   開発試作        │
                 └─────────────────┘
                        ↓
ES特性審査         ┌─────────────────┐    ─ 製品規格(暫定版)
                 │   特性評価        │      検査規格(暫定版)
                 │   ES品特性認定    │
                 └─────────────────┘
                        ↓
                 ┌─────────────────┐
                 │   ES品納品        │
                 └─────────────────┘
                        ↓
CS移行            ┌─────────────────┐
                 │ ES品の品質・信頼性評価 │
                 └─────────────────┘
                        ↓
                 ┌─────────────────┐
                 │   CS移行審査      │
                 │   CS品質認定      │
                 └─────────────────┘
                        ↓
                 ┌─────────────────┐
                 │   CS試作          │
                 └─────────────────┘
                        ↓
                 ┌─────────────────┐    ─ 製品規格(最終版)
                 │ CS品の品質・信頼性評価 │    検査規格(最終版)
                 └─────────────────┘
                        ↓
量産              ┌─────────────────┐
                 │   量産審査        │
                 │   品質確認        │
                 └─────────────────┘
                        ↓
                 ┌─────────────────┐
                 │   量産            │
                 └─────────────────┘
                        ↓
                 ┌─────────────────┐
                 │   検査            │
                 └─────────────────┘
                        ↓
                 ┌─────────────────┐
                 │   出荷            │
                 └─────────────────┘
```

注　ES : Engineering Sample
　　CS : Commercial Sample

設計の流れと審査の時期の一例

また、図表25に設計の流れと審査の時期の一例を示します。図表25について簡単に説明します。

製品開発に際しては、顧客の要求する品質を的確に把握し、顧客の満足する設計品質をつくり出

【図表26　設計出荷審査の内容】

1	設計管理状況	①製品仕様書の客先承認を得たか、②製造指図書を作成したか、③各設計レビューおよび要措置事項は完了しているか、④設計出荷時期は計画通りで、納期は守れるか、⑤工数・経費は計画通りか、など。
2	設計品質	①論理・レイアウト・テストパタンの設計基準をすべて満足しているか、②消費電力は製品仕様・パッケージ条件を満足しているか、③商品化に際し、故障検出率95％は達成可能か。
3	所要製造検査技術	①非標準製造工程を要するか（要担当部了解）、②新検査工程（テスト法・治具開発）を要するか（要担当部了解）、③非標準組立工程（パッケージ・ボンディング）を要するか（要担当部了解）、など。
4	その他	①製品の安全性に対する問題点はないか、②製品に対する法規制はないか、③製品の信頼性に対する問題点はないか、④製品の経済性、生産性、保守性に対する検討はされたか、など。

さなければなりません。設計対象の大規模化、製品開発技術の高度化が進んできており、これに対処するとともに設計のリワークの低減を目的として、設計審査の実施が重要となっています。

設計に関わる審査は、設計の段階ごとまたは数階層まとめたところで行い、品質保証の大きな節目となっています。審議すべきドキュメントを十分に検討し、それぞれの階層で保証すべき項目を確認して次の階層に移ります。

このようにして、各階層の品質を確認することにより製品の設計品質を保証しています。

まず受注審査では、顧客の仕様が技術的に実現できるか、納期、受注額が適正であるか等、受注の妥当性を審査します。

次の設計方針審査では、機能設計以降の設計工程への着手可否を判断するため、設計方法、手順、要求性能の確認手段等、設計構想を審査します。

三番目の設計出荷審査では、開発試作の実施の可否を審査して開発試作に移すという重要な審査です。設計出荷審査の主な内容は図表26のとおりです。

80

第4章　ＩＳＯ 9001 の導入

【図表27　設計審査の目的と実施方法】

審査名称	受注審査	設計方針審査	設計レビュー	設計出荷審査	ES特性審査
審査目的	顧客の仕様が技術的に実現できるか、納期、受注額が適正であるか等、受注の妥当性を審査する。	機能設計以降の設計工程へ の着手可否を判断するため、設計方法、手順、要求性能の確認手段等、設計構想を審査する。	各設計工程の入力仕様と出力との照合結果を確認し、設計工程の妥当性を審査する。	顧客要求仕様と最終設計結果との照合結果を確認し、製造工程への移行可否を行う。	製造・検査された製品が顧客要求仕様を満足していること を判定し、ES特性を認定する。
審査機構	設計事業部会議	設計方針審査会議	設計レビュー	設計出荷審査会議	書類審査
委員長	設計事業部長	設計部長	設計部長／製品管理者	設計部長	認定・設計部長
出席者	設計部部長、検査部長	製品管理者、製品担当者	製品担当者、設計担当者	製品管理者、製品担当者、品質管理責任者	—
主要審査資料	・受注仕様書 ・経費精算書 ・設計工程表 ・商用移行計画書*	・設計方針書 ・LSI仕様書チェックリスト ・製品仕様書	・設計結果 ・製品仕様書と設計結果の照合報告 ・検証記録、検査票等	・設計レビュー実施記録 ・設計出荷審査チェックリスト ・LSI検査書チェックリスト ・製品仕様と設計結果の照合結果 ・商用移行計画書*	・製品仕様書 ・ES合否判定基準 ・ES検査結果
実施時期	受注時	設計工程開始前	各設計工程の終了時	最終設計工程の終了時	ES出荷時
審査記録	設計事業部会議議事録	設計方針審査議事録 ・指摘票	設計レビュー議事録 ・指摘票	・設計出荷審査議事録 ・指摘票	ES特性認定申請案 認定通知書
是正処置のフォローアップ責任者	設計部長	設計部長	設計部長／製品管理者	設計部長	設計部長
記事	*商用移行予定製品の場合	設計方針審査の要否は、受注審査で決定する。		*商用移行計画書	*商用移行予定製品の場合

四番目のＥＳ特性審査の段階において、機能、特性、定格、設計マージンなどが初期の設計目標を満たしているかどうかを開発試作品（ＥＳ品）の評価により確認します。不具合がある場合には、ＥＳ品の改善を行います。

81

ここで、受注審査、設計方針審査、設計レビュー、設計出荷審査の目的と実施方法をまとめて図表27に整理しておきます。

なお、設計の流れと審査の時期については、「第8章1節の設計品質の考え方」のアナログIC設計工程の中で、設計品質の改善という視点で各種審査の再整理を行っています。

次のCS移行審査の段階では、開発試作によって得られた結果に基づいて、ES品と同等以上の品質を得るように製造部門で量産試作をします。この段階では、信頼性試験データ、製品規格、検査規格、部品・材料等の受入検査規格、等の作業標準が決められています。

4　ISO9001受審の進め方

社長：　ISO9001はどのようにして受審を進めるのか。

企画管理部長：　品質システムの推進体制を立ち上げて、以下のような準備をする必要があります。

前提条件

企業固有の製造技術やサービス技術が確立していなければなりません。

環境基本法、消防法、毒物及び劇物取締法、労働安全衛生法、高圧ガス取締法等の法律を順守し

第4章　ＩＳＯ9001の導入

なければなりません。

事前準備

品質システム推進体制を構築し、運用し、見直します。

品質システム推進スタッフを養成します。

ＩＳＯ9001の理解を深めます。

文書化

品質マニュアル（責任と権限他）、社内規定（業務分掌他）、作業指示書（帳票様式類他）を作成します。

記録のファイリングを行ないます。

品質システムの確立

従業員のＯＪＴ、資格者認定、内部監査員の養成等、教育・訓練制度を充実させます。

品質システムを運用し、その見直しを行い、さらに経営者による見直しを行います。

経営者による見直しの項目としては、①設計基準の見直し、②顧客からのクレームのフィードバック、③検査規格（廃棄レベル）の見直し、④製品歩留まり分析のフィードバック、⑤品質システム

83

【図表28　認証取得審査でよく指摘される不具合の例】

- 文書化された指示、手順がない。
- 文書化された手順に従っていない。
- 規定類の適用範囲があいまいである。
- 文書化された手順に従っていてもその記録がない。
- 文書発行の発行日、承認印がない
- 文書の承認者が明確になっていない
- 廃止され使われていないはずの文書が現場に混在している。
- 最新文書と旧文書の識別がない。
- 上位規定と下位規定の間に重複があったり、不整合がある。
- 品質システムに使用している文書の体系が不明確である。
- 是正処置を実施したことの証拠となるものがない。
- 試験・測定機器が校正されていない。
- 受審対象範囲が不明確であり、受審対象外の製品が多い。

の改訂、等があります。

自主監査や内部監査を行い品質システムの是正を行ないます。

その後、審査登録機関で審査を受けます。

5　認証取得審査でよく指摘される不具合の例

社長：ＩＳＯ９００１の認証取得は難しいものなのか。

企画管理部長：コンサルタントの指導の下に入念に準備すれば充分取得可能です。

受審時に図表28のような指摘を受ける場合が多いので事前に対策を打っておけば特に問題はありません。

84

第5章 月次決算制度の実施

社長：年度経営計画が達成できるかどうかは、どういう方法でチェックすれば一番効果が上がると思うかね。

企画管理部長：月次でチェックする体制を確立しなければなりません。いわゆる月次決算制度を採り入れますと効果が上がります。以下に詳しく説明します。

1 月次決算制度とは

月次決算は、月々の経営状態を迅速かつ正確につかみ、対策を立てて、経営改善に結びつけるために行います。

本章では、財政状態や経営成績を明らかにして、会社の問題点を見つけ出し、解決方法を見い出し、速やかに対応策をとるために必要な月次決算の効果的な進め方や月次決算報告書様式等について、具体的に解説します。

決算とは、会計期間ごとに勘定の記録を整理して、帳簿を締め切り、会社の財産や借金などの状況を表す貸借対照表や、その会計期間に会社がどのぐらい儲けたかを表す損益計算書等を作成する一連の手続をいいます。

86

第5章 月次決算制度の実施

ここで、年度決算は、会社法や証券取引法などの法律によって行うことを義務づけられています。つまり、企業は決算書の作成を義務づけられており、株主や税務署など外部に報告したり、提出するために作成するのです。そこで年度決算は、決算のやり方や決算書の様式もすべて法律に従って進めることになります。

一方、月次決算は法律によって強制されないので、計算や処理の方法、報告の種類や内容などを、各企業が自由に決めることができます。つまり、月次決算は内部報告用であり、その月の財政状態や経営成績を明らかにして、会社の問題点を見つけ出し、解決方法を見出していくものです。

2 月次決算の基本的事項

社長：月次決算の内容について詳しく知りたいのだが。

企画管理部長：月次決算は、月々の経営状態を迅速かつ正確につかみ、対策を立てて、経営改善に結びつけるために行ないます。以下に詳しく説明します。

本節では、この月次決算の目的を達成するために必要な次の事項について説明します。まず始めに、月次決算の報告書や月次決算の効果的な進め方、およびパソコンによる決算業務等の基本的事

87

項について説明し、次いで当社における月次決算の具体的な実施例について説明します。

① 月次決算の基本的事項

月次決算の目的

現時点での全社的な経営状況、例えば前月の売上、利益、取引先への支払、資金繰り状況等を把握します。

月単位に経営内容をチェックし、今、どこに問題があるかを把握します。また、経営計画の達成度合いを確認します。

見つかった問題点を調査・分析してその原因を追究し、どうすれば業績が上がるか、無駄をなくして効率よく経営するには、どうしたらよいか等を討議して、具体的な対策を立てます。

② 上記目的を達成するために以下の項目を実施します

部門別管理を実施します。すなわち、部門別に業績を管理することで、問題点の所在を明らかにするのです。

予算管理を行います。すなわち、損益項目およびキャッシュフロー項目について、年間の予算をつくり、月次単位に実績と比較することで、その達成率をチェックします。

特に、売上は予定どおりか、利益は予定どおりか、手許資金の状況や、翌月の資金繰りは予定どおりか等、重要な項目の確認を行います。

88

第５章　月次決算制度の実施

全社および部門別単位の経営分析を行います。すなわち、経営成績や財政状態にかかわる各種の比率を出し、比較することで問題点を絞り込みます。

月次決算会議では、経営を改善するにはどうすればよいかを、重点に討議します。また、前回、問題になった内容や経過を継続して記録し、問題点に対する改善策に漏れがないようにします。

③ **月次決算の報告書**

上記項目に基づき、次の報告書を作成します。

・月次損益：全社および部門別の、月次損益計算書、月次売上推移グラフ、月次経常利益推移グラフ
・月次キャッシュフロー：全社月次予算・実績比較表
・予算管理：全社予算・実績比較表、部門別予算・実績比較表

④ **効率的な月次決算の進め方**

月次決算を効率よく実施するために、費用等の計上を図表29のように設定します。

⑤ **パソコンによる月次決算業務**

経営に役立たせる月次決算は、月初できるだけ早い時期に行うことが重要です。すべて手作業で行うとどうしても集計や報告書の作成に時間がかかってしまいます。そのため、パソコンの導入は必要欠くべからざるものとなっています。

ここでは、パソコンによる月次決算業務を実施する場合のポイントについて図表30に示します。

【図表29　月次決算における効率的な費用等の計上】

- 減価償却費：年間償却額の1／12を月次償却額とする。
- 賞与：年間の支払予定金額の1／12を月次に割り当てる。
- 現金基準と請求基準の弾力的運用：金額的に小さいものや、毎月ほぼ平均的に支出されるものは、現金および預金で支払われたときに計上する現金基準とします。そのほかの比較的金額が大きいものは、請求を受けた時点で計上する請求基準とします。
- 部門別管理の日常処理：部門別に利益管理をする場合、日常処理で収益と費用を部門別に区分して集計しておく必要があります。
  収益実務では、仕訳入力ごとに部門名（部門コードを事前に設定）をつけて処理します。
- 販売管理費の各部門への配賦基準：売上高、売上総利益、従業員数、賃金総額、およびこれらを組み合わせたものが考えられますが、現在は売上高と賃金総額の組合せで配賦しています。

【図表30　パソコンによる月次決算業務のポイント】

1	部門別管理を行うためには、あらかじめ部門コードを登録しておくことが必要です。
2	月次決算で、日常記帳している帳簿を月末に締めて、①1か月分の経営成果を示す月次試算表を算出する、②部門管理や予算管理の資料を提出する、いずれの場合もパソコン会計ソフトを使えば作業は簡単に済みます。 　パソコン会計ソフトでは、仕訳データを入力するだけで試算表の作成や部門別損益計算書、部門別集計等を自動的に作成することができます。
3	パソコン会計ソフトは、同一の期間内なら自由に仕訳データを入力できます。月次決算では、特に先行入力を使うと便利なことが多いです。
4	パソコン会計ソフトは、すべての勘定科目に補助科目を設定できますので、売掛金なら簡易的な得意先元帳、買掛金なら簡易的な仕入先元帳の作成ができます。 　しかし、得意先別、商品別売上高リスト、担当者別売上高リストなど、より詳しい資料の作成には、販売管理ソフト等の専門のソフトがあります。 　当社では、パソコン会計ソフトと販売管理ソフトを併用しています。
5	パソコン会計ソフトでは、仕訳データを入力すると、総勘定元帳、補助簿、試算表や決算書まで作成できます。

第5章　月次決算制度の実施

3　月次決算の具体的な実施例

月次損益計算書

図表31に全社の損益計算書を示します。

上段に予測値、下段に実績値を示しています。予測値（予算計画）の作成方法については後述します。図表31には、一部の勘定科目は紙面の関係で省略していますが、実際の勘定科目欄には、損益勘定で使用するすべての科目が含まれています。

月次損益計算書を見るポイント

当該月次決算実施月の予算計画値と実績値を比較します。まず、全社の売上高、経常利益、営業利益の予算と実績値の差異があるかどうかを確認します。

次に以下に示すような各勘定科目の予算・実績差異を見ていきます。

まず、予算と実績値の差異のある勘定科目に着目します。この差異が図表31の「売上高」〜「直接費」の科目であれば、次に述べる、事業部別月次損益予算実績対応表で、どの事業部で差異が発生しているのか確認します。

91

【図表31　月次損益計算書の1例】

月次損益計算書

勘定科目		3月	4月	5月	6月	----	2月	累計
1. 売上高	予算							
	実績							
2. 直接費								
材料費	予算							
	実績							
事業部給料	予算							
	実績							
労務費(清掃員給料)	予算							
	実績							
外注加工費	予算							
	実績							
その他直接費	予算							
	実績							
売上原価	予算							
	実績							
売上総利益	予算							
	実績							
3. 販売管理費								
役員報酬	予算							
	実績							
給与手当	予算							
	実績							
法定福利費	予算							
	実績							
福利厚生費	予算							
	実績							
委託費	予算							
	実績							
旅費交通費	予算							
	実績							
通信費	予算							
	実績							
交際費	予算							
	実績							
減価償却費	予算							
	実績							
賃借料	予算							
	実績							
保険料	予算							
	実績							
車両費	予算							
	実績							
事務用品費	予算							
	実績							
地代家賃	予算							
	実績							
----	予算							
	実績							
販売管理費	予算							
	実績							
営業利益	予算							
	実績							
雑収入(受取利息他)	予算							
	実績							
雑損失(支払利息他)	予算							
	実績							
経常利益	予算							
	実績							

第5章　月次決算制度の実施

また、差異が図表31の「役員報酬」～「販売管理費」の勘定科目であれば、パソコン会計ソフトにより、差異のある勘定科目の内訳を見て、何が差異の原因になっているのか特定し、次月以降の対応策に反映させます。

また、差異の勘定科目が「受取利息」～「雑損失」の経常損益勘定の場合についても、上記と同様に、パソコン会計ソフトにより差異項目を特定し、原因を明らかにして対策を講じます。

事業部別月次損益予算・実績対応表

図表32に事業部別月次損益予算・実績対応表を示します。

図表32には、各事業部ごとに、売上、原価項目、販売管理費配賦額、売上総利益、営業利益、および、一人当たりの上記と同様の項目についての予算計画値と実績値の指標を示しています。

また、図表の右端には、当該月までの累積値と月平均値を併せて示しています。

事業部別月次損益予算・実績対応表を見るポイント

① 売上が予算計画通り達成できているか、② 事業部利益が予算計画どおり達成できているのか、
③ 計画値から大幅にずれているとすれば、どの項目に差異があるのか、売上、労務費、外注費、材料費、事業部給与手当て、等を特定化し、その原因を明確にして対策を講じます。

また、図表15に示した品目別収支計画の予実差異まで遡って、どの製品の何が原因なのかを明ら

93

【図表32　事業部別月次損益予算・実績対応表】

月次損益予算・実績対応表

〇〇事業部

		3月	4月	5月	――	累積値	平均値
売上	予算						
	実績						
事業部給料	予算						
	実績						
労務費(清掃員給料)	予算						
	実績						
外注費	予算						
	実績						
材料費	予算						
	実績						
その他直接費	予算						
	実績						
直接経費合計	予算						
	実績						
売上総利益	予算						
	実績						
売上総利益率(%)	予算						
	実績						
原価	予算						
	実績						
原価率(%)	予算						
	実績						
事業部利益	予算						
	実績						
事業部利益率(%)	予算						
	実績						
販売管理費負担率	予算						
販売管理費負担額	予算						
	実績						
事業部営業利益	予算						
	実績						
事業部営業利益率(%)	予算						
	実績						
事業部員数	予算						
	実績						
一人月あたり売上	予算						
	実績						
一人月あたり事業部利益	予算						
	実績						
一人月あたり事業部営業利益	予算						
	実績						

第5章　月次決算制度の実施

かにしなければなりません。

このようにすれば従来のどんぶり勘定から抜け出すことができ、赤字への対応策がとれると考えています。

さらに、累積値を見ることにより、当該月までの達成状況を確認します。問題のあった事業部の部長には、問題に対する具体的な対応策を次回までに提出させるようにします。

事業部別月次損益累積予算・実績対応表

図表33に事業部別月次損益累積予算・実績対応表を示します。

図表33は、図表32の事業部ごとの累積値を全事業部同時に示したものです。

売上と売上総利益については、計画値、実績値、達成率（実績値の計画値に対する割合）、貢献率（全社売上、全社売上総利益に占める各事業部の割合）を示しています。

事業部別月次損益累積予算・実績対応表を見るポイント

全事業部を同時に記載することにより、各事業部ごとの全社に対する貢献度を評価すると同時に、各事業部に刺激を与え、ある程度の競争心を植えつけるように意図しています。

売上、利益はなぜ予算以上得られたのか、あるいはなぜ予算通り得ることができなかったのかを、各事業部に徹底的に議論させることが大事です。

【図表33　事業部別月次損益累積予算・実績対応表】

月次損益累積予算・実績対応表

○○事業部

金額単位：千円

		設計事業部	製造事業部	全社
売上	計画値			
	実績値			
	達成率(%)			
	貢献率(%)			
事業部給料	計画値			
	実績値			
労務費(清掃員給料)	計画値			
	実績値			
材料費他	計画値			
	実績値			
外注費	計画値			
	実績値			
原価	計画値			
	実績値			
	達成率(%)			
売上総利益	計画値			
	実績値			
	達成率(%)			
	貢献率(%)			
売上総利益率(%)	計画値			
	実績値			
事業部社員数	計画値			
	実績値			
一人月当り売上	計画値			
	実績値			
販売管理費	実績値			
営業利益	実績値			
営業利益率(%)	実績値			

注：事業部社員数：　対象期間の平均値　　　貢献率：　事業部金額/全社金額
　　原価：　労務費＋外注費＋材料費他　　　売上総利益：　売上ー原価
　　営業利益：　売上総利益ー販売管理費　　達成率：　実績値／計画値
　　販売管理費：　本社および各事業部の共通費（役員給料、社員の社会保険料・旅費交通費、
　　車両等のリース代、ガソリン代、事務所の家賃等）を各事業部が一定の割合で負担する費用。

第5章 月次決算制度の実施

売上の月次予算・実績推移

図表34に売上の月次予算・実績推移グラフ表示方法の一例を示します。

図表34には、売上の昨年度月次実績値と累計実績値、今年度の売上計画の月次予算と累計予算、

【図表34　月次売上計画対実績グラフの1例】

	3月	4月	5月	6月	7月	8月	9月	10月	11月	12月	1月	2月
昨年実績	113,000	107,000	109,000	121,000	108,000	107,000	120,000	110,000	117,000	123,000	107,000	118,000
昨年累計実績	113,000	220,000	329,000	450,000	558,000	665,000	785,000	895,000	1,012,000	1,135,000	1,242,000	1,360,000
売上計画	118,000	117,000	121,000	128,000	128,000	121,000	125,000	126,000	133,000	136,000	122,000	133,000
累計売上計画	118,000	235,000	356,000	484,000	604,000	725,000	850,000	976,000	1,109,000	1,245,000	1,367,000	1,500,000
売上実績	117,000	109,000	113,000	122,000	116,000	117,000	122,000					
累計売上実績	117,000	226,000	339,000	461,000	577,000	694,000	816,000					

およびの今年度の月次実績値と累計実績値を示しています。

自社の現状を把握するためには、自社の過去のデータとの比較が重要です。

売上の月次予算・実績推移グラフを見るポイント

月次実績値が月次予算どおりに達成できているかどうかを見ます。未達成である場合には、売上を事業部ごとに分解して、どの事業部の何が原因で未達成なのかを明らかにして次月への対策に反映させます。

経常利益の月次予算・実績推移

図表35に経常利益の月次予算・実績推移グラフ表示方法の一例を示します。

図表35には、経常利益の昨年度月次実績値と累計実績値、今年度の経常利益計画の月次予算と累計予算、および今年度の月次実績値と累計実績値を示しています。

経常利益の月次予算・実績推移グラフを見るポイント

売上の場合と同様に、月次実績値が月次予算どおりに達成できているかどうかを見て、どの事業部の何が原因で未達成なのかを明らかにして、次月への対策に反映させます。

第5章 月次決算制度の実施

【図表35 月次利益計画対実績グラフの1例】

	3月	4月	5月	6月	7月	8月	9月	10月	11月	12月	1月	2月
昨年利益実績	1,400	-6,000	-2,400	-2,400	-5,000	-4,600	4,100	-3,600	1,500	6,000	1,900	9,100
昨年累計利益実績	1,400	-4,600	-7,000	-9,400	-14,400	-19,000	-14,900	-18,500	-17,000	-11,000	-9,100	0
経常利益計画	-2,830	-4,280	-4,980	6,770	870	-1,930	470	2,670	5,370	11,870	-3,330	10,170
累計利益計画	-2,830	-7,110	-12,090	-5,320	-4,450	-6,380	-5,910	-3,240	2,130	14,000	10,670	20,840
経常利益実績	-2,800	-4,300	-5,100	6,500	1,000	-1,500	600					
累計利益実績	-2,800	-7,100	-12,200	-5,700	-4,700	-6,200	-5,600					

月次キャッシュフロー

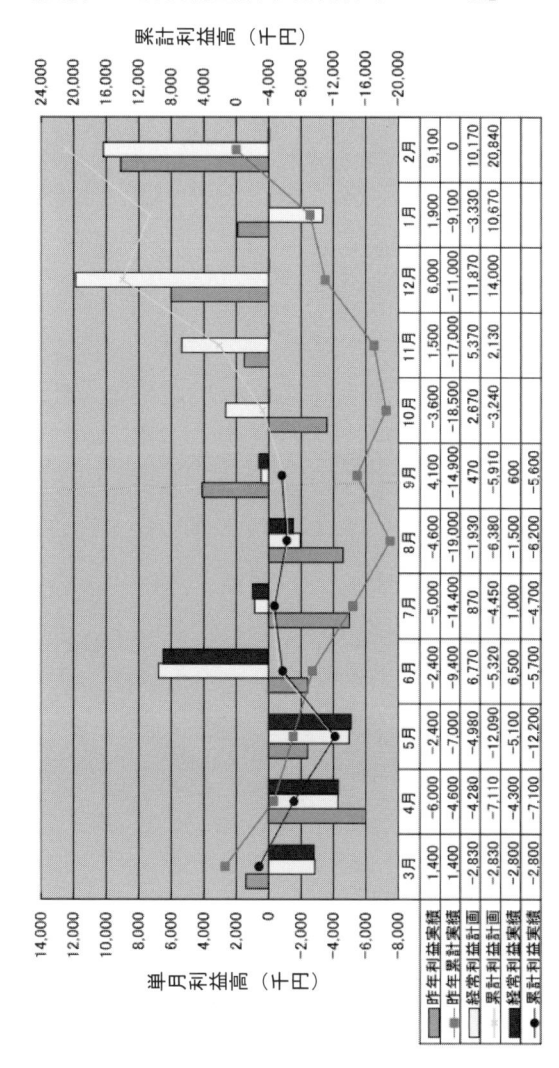

図表36に月次キャッシュフロー（月次における資金の増減を意味し、月初および月末の資金残高を読み取れる）の予算・実績推移グラフ表示方法の一例を示します。

99

【図表36　月次予算・実績キャッシュフローの１例】

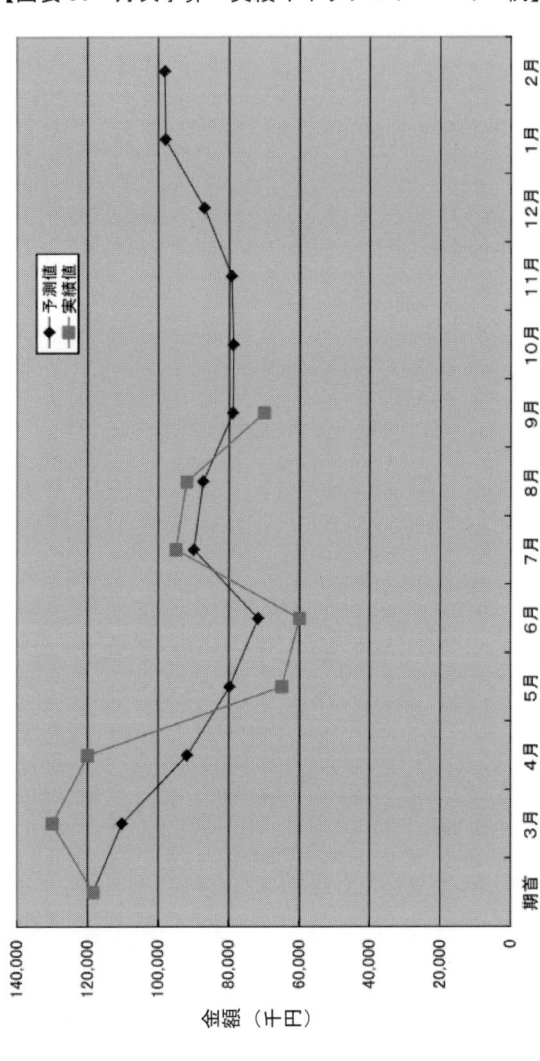

キャッシュフロー計算書は、会社が営業活動でどれだけ資金を増やし（営業活動によるキャッシュフロー）、そのうちどれだけ資金を使い（投資活動によるキャッシュフロー）、あまった資金を何に使い（借入金の返済など）不足した資金をどのように調達した（財務活動によるキャッシュフロー）

第5章 月次決算制度の実施

かを示すものです。

なお、月次キャッシュフローの求め方や分析等詳細については、参考文献（5）の拙著「経理をいきなり任されたら読む本」（セルバ出版）を参照してください。

月次キャッシュフローの予算・実績推移グラフを見るポイント

まず、計画を立てる際には、期末予測キャッシュフローが期首キャッシュフローに比べて大幅に減少しないように計画を策定する必要があります。

また、実績値キャッシュフローが予測値と大幅に異なる場合には、その原因が、営業活動によるキャッシュフローによるものなのか、投資活動によるキャッシュフローによるものなのか、あるいは、財務活動によるキャッシュフローによるものなのか、いずれによるものなのかを明らかにします。

各キャッシュフローのどの科目が原因となっているのかを明らかにして次月以降の対応策に反映させます。

キャッシュフローの予測値と実績値が乖離する大きな要因としては、資金の源泉である月次税引き前当期純利益の増減、月次売上高の増減、売掛債権の増減、買掛債務の増減、未払金の増減、等が上げられます。

また、年間の予測し得る支出額をできる限り精度よく計上しておくことが、予測・実績差異を少なくするために有効であることはいうまでもありません。

101

なお、具体的な実施例の数値的な対応等の詳細については、参考文献（5）の拙著「経理をいきなり任されたら読む本」（セルバ出版）を参照していただければ幸いです。

特に大きな影響を及ぼす項目

ここで、月次キャッシュフローの予測精度について簡単に説明しておきます。

営業キャッシュフローの予測値のベースは月次損益予算計画のデータです。この計画の精度が悪ければ、必然的に営業キャッシュフローの予測精度も悪くなります。

特に大きな影響を及ぼす項目は、税引前当期純利益です。これは、営業キャッシュフローの源泉となるものですから確実に計画値を確保しなければなりません。

次に、売掛債権や買掛債務の項目も予測キャッシュフロー値に大きな影響を与えます。

売掛債権については、売上高の計画精度もさることながら、売上代金の回収が重要なテーマとなってきます。予測値では、1か月後に代金回収を前提としていますが、2か月後に回収する得意先もありますので、その分精度が悪くなります。

買掛債務については、2か月後代金支払いを前提にしていますが、1か月後の場合もあるので、誤差となります。

投資活動や財務活動によるキャッシュフローは内容的に固定資産の売却や取得、賞与、労働保険、納税、借入れや借入金返済等が主要項目であり、比較的予測をしやすい項目です。

102

第6章　原価管理の強化

社長：どの事業が儲かり、あるいは損をしているのか知りたいのだが。

企画管理部長：今まで漠然と年度経営計画で事業部ごとの予算計画を立て、損益を確認するようにしていました（第3章）。

また、月次決算で予算と実績との差異を比較するようにしています（第5章）が、今まではやどんぶり勘定的で、赤字の本質をとらえるところまでに至っておりません。赤字の本質をとらえるためには事業部ごとの管理だけではだめで、今後は製品ごとの損益を算出して問題点を把握するとともに、対応策を考えていかねばなりません。製品ごとの損益を計算するためには、原価管理や原価計算の考え方を駆使することが重要となってきます。

以下に原価管理や原価計算について説明します。少し細かくて複雑な面がありますが、しばらくの間ご辛抱ください。

原価管理とは、「利益創出の一環として、企業の安定的発展に必要な原価引下げの目標を明らかにする。また、その実施のための計画を設定し、この実現を図る一切の管理活動である」とされています。経営上は、原価の増加率を売上高の増加率以下に低減させることが重要です。

本章では、①原価管理と原価計算の目的、②原価計算を行うために必要となる基本的事項、③個別原価計算や総合原価計算の考え方、④原価計算と原価管理の具体的な方法、⑤製品原価に占める製造間接費の割合が大きい場合、より実態に近い原価を算出することができる活動基準原価計算、

104

第6章 原価管理の強化

1 原価管理と原価計算の目的

等について説明します。

原価管理

大事なことは、利益の増加に役立つ原価管理を進め、この低成長時代には、売上高の増大以上に原価の低減に努めよということです。「どんぶり勘定」で利益を出せばよいという考え方から脱皮して、各事業部ごとあるいは製品1品1品について利益を出せるようきめ細かな管理が必要となります。

このためには以下に述べる原価計算を行うとともに、原価低減目標を設定する必要があります。

通常、原価目標として標準原価が導入されています。

標準原価にも、努力すれば達成可能な現実的標準原価や努力しても達成しがたい目標としての理想標準原価もあります。理想標準原価は、製品のライフサイクルが短い場合には適用することは難しいです。

当社では、現実的な標準原価として、とりあえず前年度の原価を標準原価として設定しています。製品製造が終了した後、原価を集計した実際原

105

価と標準原価を比較し、その差である「原価差異（例えば、材料の使い過ぎ、作業時間のかかり過ぎなど）」を分析して原価の問題点を明らかにして原価低減対策を講じます。

原価計算の目的

原価計算の目的を図表37に示します。

原価等の定義

① 原価とは、特定の目的を達成するために消費される経済（貨幣）価値の消費額であり、図表38に示すように製造原価や販売管理費（販売費及び一般管理費）等で構成されています。

② 実際原価とは、当該原価計算期間中の経済価値の実際消費量、実際消費価格を基礎として計算した原価のことです。

③ 予定原価とは、経済価値の計画消費量、計画消費価格を基礎として算定する原価のことです。

④ 損益計算上の費用には、製品の製造販売のために、直接使われた費用とそうでない費用があります。直接使われた費用は費用であるとともに原価でもあります。直接使われていない費用は非原価項目といい、(イ)経営目的に関連しない項目、(ロ)異常な状態を原因とする項目、(ハ)その他剰余金に関わる項目、の3項目があります。

具体的には、支払利息、風水害損失、損害賠償金、配当金や役員賞与金などです。非原価項目の詳細を図表39に示します。これらの項目は、原価には算入しません。

106

第6章 原価管理の強化

【図表37 原価計算の目的】

1	原価計算は、原価管理を行うために、実際原価を正確かつ速やかに把握して、経営方針の決定や利益計画、予算統制に役立てられるように、企業内部の管理者に情報を提供することにあります。
2	決算書の作成に必要な期間損益や棚卸資産などの算定の基礎資料を提供します。また、予定原価との対比に必要な実際原価情報を提供して、原価差異分析を行って原価低減化に役立てています。
3	事業計画の作成や販売価格の設定に際して、売価や製品ごとの採算性等に必要な判断資料を提供します。

【図表38 原価の分類と構成】

				営業利益	製品の販売価格
		販売費	営業費	総原価	
		一般管理費			
間接材料費	製造間接費	製造原価			
間接労務費					
間接経費					
直接材料費	製造直接費				
直接労務費					
直接経費					

注:経費とは材料費や労務費以外の費用で、修繕費、電力費、減価償却費などの間接経費と試作費、外注加工費などの直接経費があります。

⑤ 製品製造原価とは、製品の生産に関して発生する経済価値のことです。これは、当期に発生した材料費・労務費・製造経費の合計である当期製造費用に、期首仕掛品原価を加え、期末仕掛品原価を差し引いて求めることができま

107

【図表39　非原価項目】

　非原価項目とは、原価計算において原価に算入しない次のような項目のことです。

1．経営目的に関連しない項目

① 投資資産たる不動産、有価証券、貸付金等の管理費、租税等の費用
② 寄付金等であって経営目的に関連しない支出
③ 支払利息、割引料、社債発行割引料償却、社債発行費償却、設立日償却、開業費償却、支払保証料等の財務費用
④ 有価証券の評価損および売却損
⑤ その他経営目的に関連しない支出

2．異常な状態を原因とする項目

① 異常な減損、仕損等
② 火災、震災、風災害、盗難、争議等の偶発的事故による損失
③ 予期しない陳腐化によって固定資産に著しい減価を生じた場合の臨時償却費
④ 延滞償金、違約金、罰課金、損害賠償金
⑤ 偶発債務損失
⑥ 訴訟費
⑦ 臨時多額の退職手当
⑧ 固定資産売却損および除却損
⑨ 異常な貸倒損失

3．その他利益剰余金にかかわる項目

① 法人税、所得税、道府県民税、市町村民税
② 配当金
③ 役員賞与金
④ 任意積立金繰入額
⑤ 建設利息償却

第6章 原価管理の強化

す。

このように計算できる理由は、ある一定期間の総製造費用は、次のようになるからです。

総製造費用＝期首仕掛品原価＋当期製造費用
　　　　　＝期末仕掛品原価＋製品製造原価

右の2式より、

製品製造原価＝期首仕掛品原価＋当期製造費用－期末仕掛品原価

なお、仕掛品とは、生産が完了していない未完成の製品のことです。

2 原価計算の基本事項

費目別原価計算

① 費目別原価計算は、費目として勘定科目の材料費、労務費および経費に分類します。

② 材料費とは物品の消費によって生ずる原価であり、労務費とは労働労役の消費によって生ずる

109

原価です。経費とは材料費、労務費以外の原価のことです。

① 材料費の計算

材料費は、原価計算期間の実際消費量に基づき計算します。材料費は次のように区分できます。

- 主要材料費：主として製品の基本的な構成部分となる材料費
- 買入部品費：そのまま製品に取り付けられる外部からの購入部品費
- 補助材料費：間接的または補助的に消費され、製品の基本的な構成部品にならない材料費
- 消耗工具器具備品費：耐用年数1年未満のもの、または少額の工具器具備品などで、固定資産として処理する必要のないものの消費額

② 材料費は、材料消費量に消費価格をかけて求めます。この消費単価は原則として購入時期によって価格は違うのがふつうですので、どのような方法で価格を求めるのかが問題となります。購入時期によって価格は違うしかし、必要に応じて、予定価格などで計算することができます。ここでの材料費の消費計算は、平均価格をもって行います。ただし、市販の製品等を、直接、材料費とする場合は実際の購入価格とします。その他消費価格の求め方としては、先入先出法、後入先出法、予定価格法及び移動平均法等があります。

③ 社内の他部門より供給を受ける生産材料の受入価格は、製造原価もしくは、振替価格をもって計算します。

110

第6章　原価管理の強化

【図表40　経費の計算の仕方】

①　経費は先に述べたように材料費、労務費以外の原価であり、次のような項目があります。
　　製造指図書番号や製品別に集計できる費目であり、設計料、試作費、外注加工費などの直接経費と、特定の製品に直接的には集計できない費目で、電力量、ガス代、交通費、福利厚生費、修繕費などの間接経費の項目があげられます。
　　経費は、当該原価計算期間の負担に属する額とします。

②　経費の消費計算は、原則として発生額をもって計算します。間接経費については、経費の種類により次のように計算します。
支払経費：修繕費、交通費、交際費などは、支払伝票によって実際の支払額を原価とします。
月割り経費：減価償却費、賞与、保険料など毎月経常的に発生するものでない場合には月割計算をして原価とします。
測定経費：電力料、ガス料、水道料などの経費については、月末に消費量をつかみ金額を求めます。
発生経費：棚卸減耗損、仕損費などは発生したときに原価とします。ただし、異常に大きな金額であれば原価にはしないで、特別損失とします。

労務費の計算

①　労務費は、製造部門で発生した人件費です。賃金（工員に対して支払われる）、給料（監督者・技術者・事務員に対して支払われる）、雑給（臨時工や雑役工に対して支払われる）、従業員賞与手当、福利厚生費、退職引当金繰入額等があります。
　　労務費は、当該原価計算期間の負担する額とし、実際稼働に基づき計算します。

②　労務費の消費計算は、予定労務費をもって行います。

経費の計算

経費の計算の仕方を図表40に示します。

直接費と間接費

①　原価の計算は直接費と間接費別に行ないま

111

【図表41 直接費と間接費の計算の仕方】

直接費	直接費は、発生の都度、当該の製品に賦課します。直接費は、どの製品のために消費されたか、直接に把握できる原価です。これには、直接材料費、直接労務費、直接経費があります。 　直接費は、特に部門別計算を必要としません。何等の割当基準なしに、製品に負担させることができます。これを直課または賦課といいます。
間接費	間接費は、何らかの合理的な基準を決めることにより組織部門別に配賦します。間接費は、どの製品の製造に消費されたのか、つかみにくい原価です。何らかの基準で、割り当てなければならないものです。これを配賦といいます。 　製造間接費には、間接材料費、間接労務費、間接経費があります。これらは、何らかの基準で配賦しないと製品に結びつきません。そのために部門別計算が必要になります。これは、費目別に集計した原価要素を、原価部門ごとに集計する手続きです。 　原価部門というのは、部門計算をするための区分です。原価部門には、製造部門と補助部門があります。製造部門は、直接製造作業を行う部門であり、補助部門は、製造部門に対して補助関係にある部門です。 　部門別計算では、次の2つの手続きが必要です 。 ① 　製造間接費を、各製造部門・補助部門別に配賦します。これを第1次計算といいます。この具体例を図表42に示します。 　　本例では、部門共通費として、福利施設負担額、建物減価償却、機械保険料、建物保険料があげられています。 　　また、配賦基準データとしては、各製造部ごとの従業員数、占有面積、機械帳簿価額が使われています。これらのデータから、部門共通費配賦額は、配賦基準データの部門比率に基づいて計算されています。 ② 　次に、補助部門別に集計した補助部門費を、関係する製造部門に配賦する。これを第2次計算といいます。これについては本章の「5　製品原価計算のまとめ」の項で触れています。

　す。直接費というのは、製品と直接的に比例的に発生していることがわかり、実際に直接または比例的に計算している原価です。例えば、机の材料になる木材等があげられます。

　間接費は、製品と直接または比例的に発生していることがわかっても、重要

第6章　原価管理の強化

でないために直接に集計しない原価、直接につかめない原価、の両方が含まれます。後者の例としては備品の減価償却費・通信費などがあります。

② 直接製造に関わる部門で発生する各種経費は、直接費とし、直接労務費および直接経費に区分します。

③ 間接業務を行う部門で発生する各種経費は、間接費とし、間接材料費、間接労務費および間接経費に区分します。

直接費と間接費の計算

直接費と間接費の計算の仕方を図表41に示します。

図表41からわかるように、直接費は、発生の都度当該の製品に賦課します。直接費は、どの製品のために消費されたのか、直接に把握できる原価です。これには、直接材料費、直接労務費、直接経費があります。

一方、間接費は、何らかの合理的な基準を決めることにより組織部内別に配賦します。間接費は、どの製品の製造に消費されたのか、つかみにくい減価です。しかし、何らかの基準で割り当てなければならないものです。これを配賦といいます。

原価部門というのは、部門計算をするための区分です。原価部門には、直接製造作業を行う製造部門と、製造部門に対して補助関係にある補助部門があります。

113

【図表 42 部門共通費配賦計算例】

部門共通費を配賦基準データにより、各関係部門に配賦します。

部門共通費

福利施設負担額	1,000,000
建物減価償却費	800,000
機械保険料	250,000
建物保険料	200,000

配賦基準データ

	合計	A製造部	B製造部	C補助部門	D補助部門
従業員数	100人	30人	45人	15人	10人
占有面積	2,000㎡	800㎡	800㎡	100㎡	300㎡
機械帳簿価額	15,000,000円	6,000,000円	5,400,000円		3,600,000円

配賦基準データの部門比率

部門共通費	配賦基準	合計	A製造部	B製造部	C補助部門	D補助部門
福利施設負担額	従業員数	100%	30%	45%	15%	10%
建物減価償却費	占有面積	100%	40%	40%	5%	15%
機械保険料	機械帳簿価額	100%	40%	36%	0%	24%
建物保険料	占有面積	100%	40%	40%	5%	15%

部門共通費配賦額

金額単位：円

費目	合計	A製造部	B製造部	C補助部門	D補助部門
福利施設負担額	1,000,000	300,000	450,000	150,000	100,000
建物減価償却費	800,000	320,000	320,000	40,000	120,000
機械保険料	250,000	100,000	90,000	0	60,000
建物保険料	200,000	80,000	80,000	10,000	30,000
合計	2,250,000	800,000	940,000	200,000	310,000

第6章 原価管理の強化

3 個別原価計算と総合原価計算

原価計算は、個別原価計算および総合原価計算により行います。お客の注文ごとにそれぞれ異なる製品を作る場合には個別原価計算を行います。これに対して、市場に一般的な製品を供給する場合には総合原価計算を行います。

個別原価計算

個別生産は、種類・規格・形状・品質などの異なる製品を、個別的に生産する形態です。個別原価計算では、注文が決まれば、それぞれの製品の製造命令として、製造指図書を発行します。

原価計算の担当者は、この製造指図書に基づいて、特定製品の原価計算のために原価計算表を準備します。

原価計算表には、直接材料費、直接労務費、直接経費、製造間接費等を記載します。直接材料費は製造指図書番号の数量と金額（単価）から求めます。直接労務費は製造指図書番号の賃率と直接作業時間から求めます。直接経費は会計伝票の製造指図書番号に従い求めます。

115

次に、製造間接費を求めるためには、①間接費を原価部門（原価を計算する単位区分で製造部門と補助部門がある）ごとに集計し、②補助部門（工場の事務部や資材購買部など）費を製造部門へ配賦し、③製造部門費を製品に配賦する、という工程を経た製造部門の製造間接費予定配賦率から求めることになります。

図表43に個別原価計算表の作成例（本例では直接材料費と直接労務費のみを考慮し、直接経費はゼロとしている）を示します。

図表43に示した製造部門の予定賃率と製造間接費予定配賦率および直接作業時間の原価データに基づき当月のNo1、No2、No3の製品製造原価を求めてみましょう。

原価計算のもとになる原価計算表の直接材料費は材料単価に消費量を掛けて求めます。直接労務費は賃率に直接作業時間を掛けて求めます。

また、製造間接費は各部門の直接作業時間に予定配賦率を掛けて求められます。当月のNo1、No2、No3の製品製造原価は、これらの直接材料費、直接労務費、製造間接費の合計として求められます。すなわち、個別原価計算は次式によって計算できます。

個別製品原価＝直接材料費＋直接労務費＋直接経費＋製造間接費

1個当たりの個別製品原価＝個別製品原価÷完成品数量

第6章 原価管理の強化

【図表43 個別原価計算表の作成】

製品A、B、Cの直接材料費、直接作業時間、製造各部門の予定賃率、予定配賦率の原価データに基づき当月のNo.1、No.2、No.3の製造原価を求めてみます。原価計算のもととなる原価計算表の直接材料費は材料単価に消費量を掛けて求めます。直接労務費は予定賃率に直接作業時間を掛けて求めます。また、製造間接費は各部門の直接作業時間に予定配賦率を掛けて求められます。当月のNo.1、No.2、No.3の製造原価は製品製造原価合計は、これらの直接材料費、直接労務費、製造間接費の合計になります。1個あたりの製造原価は製造原価合計を完成品数量で割ることによって算出できます。

原価データ

当月次の製品を製造しました。。

製造指図書No.1	A製品（個） 10
製造指図書No.2	B製品（個） 5
製造指図書No.3	C製品（個） 4

製造部門の予定賃率と製造間接費予定配賦率は次のとおりです。
なお、製造間接費の配賦基準は直接作業時間としています。

	予定賃率(円)	予定配賦率(円)
機械部門	800	600
組立部門	700	400
検査部門	750	300

製造指図書別の直接材料費は次のとおりです。

	直接材料費(円)
製造指図書No.1	350,000
製造指図書No.2	430,000
製造指図書No.3	260,000

製造指図書別の直接作業時間は次のとおりです。

	機械(時間)	組立(時間)	検査(時間)
製造指図書No.1	40	30	15
製造指図書No.2	80	40	20
製造指図書No.3	30	15	10

原価計算表

単位：円

	No.1	No.2	No.3
直接材料費	350,000	430,000	260,000
直接労務費	64,250	107,000	42,000
製造間接費	40,500	70,000	27,000
製造原価合計	497,750	592,000	329,000
完成品数量	10	5	4
1個当たり原価	49,775	118,400	82,250

総合原価計算

総合原価計算は、連続的な生産形態に適用される計算方式であり、製品の種類、工程数、製品の

117

等級（形状、大きさ、品質の違いなど）の有無によって、各種の計算方法があります。

ここでは、単純総合原価計算、組別総合原価計算および工程別総合原価計算の3つの方法について説明します。総合原価計算では、原価計算期間（通常1か月）ごとに計算を行うので期末仕掛品の評価が必要となります。

単純総合原価計算

この計算は、同一製品を連続して生産する場合に適用します。この場合の完成品原価は、次式のようになります。

完成品原価＝期首仕掛品原価＋当期製造原価－期末仕掛品原価

ここで、

当期製造原価＝直接材料費＋直接労務費＋直接経費＋製造間接費

組（製品）別総合原価計算

組別総合原価計算では、原価計算期間の製造費用を、組直接費と組間接費に分けて、組直接費は各組の製品に賦課し、組間接費は適切な配賦基準によって、各組の製品に配賦します。

第6章　原価管理の強化

個別原価計算と組別総合原価計算の違いは、前者は受注生産のために完成期があるのに対して、後者は連続生産であるので、完成期がないことです。

この場合の完成品原価は単純総合原価計算の場合と同じで次のようになります。

完成品原価＝期首仕掛品原価＋当期製造原価－期末仕掛品原価

ここで、

当期製造原価＝直接材料費＋直接労務費＋直接経費＋製造間接費

工程別総合原価計算

工程別原価計算は、工程ごとの原価を計算する方法であるので、はじめに工程別個別費と工程共通費を区分します。工程別個別費とは、どの工程に発生したのか直接には把握できる原価です。

それに対して工程共通費は、どの工程に発生したのか直接には把握できない原価です。工程別個別費は各工程に賦課し、工程共通費は、適当な配賦基準によって工程別に配賦します。製品原価を計算するには、次に示す累加法と非累加化法があります。

① **累加法**

各工程の完了原価を次工程へ振替、次工程では、前工程から振り替えられた原価に自工程の原価

119

を加算します。最終工程の完了品原価が製品原価となります。すなわち

完成品製品原価＝最終工程の完了品原価

② 非累加法

各工程の完了品原価を次工程へ振り替えず、各工程の製造原価を集計して、製品原価を計算します。例えば、3工程からなる製品原価は次のようになります。

完成品製品原価＝第一工程の原価＋第二工程の原価＋第三（最終）工程の原価

なお、工程別原価計算において、直接材料費が第一工程のみで消費される場合を加工費工程別総合計算といいます。

4　仕掛品原価と完成品原価の計算

仕掛品原価

前述したように製品製造原価を求めるためには、期首と期末の仕掛品原価をプラスマイナスする必要があります。通常の製品製造の工程を考えると、材料は主として生産がスタートした時点で製

120

第6章　原価管理の強化

造ラインに投入されます。しかし、労務費と経費は、一般には生産が進むにつれて徐々に発生します。

そのため、原価を「直接材料費」と直接材料費以外の直接労務費、直接経費、製造間接費の合計からなる「加工費」に分けると仕掛品原価を計算しやすくなります。

まず、直接材料費については、生産のスタートラインで投入されるとすれば、単純に完成品と仕掛品の数量で按分すれば計算できます。

次に、加工費については、仕掛品の仕上がり程度を示す「加工進捗度」という概念を取り入れます。これは、物理的な完成度ではなくて、加工に比例して費用を負担する割合と考えればよいです。加工前であれば0％で、完成すれば100％となります。この加工進捗度を測ったうえで、計算を簡単にするために「完成品換算数量」というものに置き換えます。つまり、仕掛品全部で完成品何個に相当する、という数量に置き換えるのです。

例えば、加工進捗度50％の仕掛品が2個あったとすれば、完成品換算数量は1個となります。計算式を示せば、次のようになります。

完成品換算数量＝完成品の数量＋仕掛品の数量×進捗度

また、仕掛品原価は次のようになります。

仕掛品原価＝直接材料費＋直接労務費＋製造間接費

ここで、

直接材料費＝1個あたりの直接材料費×仕掛品数量
直接労務費＝1個あたりの直接労務費×（仕掛品の数量×進捗度）
製造間接費＝1個あたりの製造間接費×（仕掛品の数量×進捗度）

となります。

完成品原価（製品製造原価）の計算

1個あたりの完成品原価は次の式で表せます。

1個あたりの完成品原価＝1個あたりの直接材料費＋1個あたりの直接労務費＋1個あたりの製造間接費

ここで、

1個あたりの直接材料費＝完成品の金額／（完成品数量＋仕掛品数量）
1個あたりの直接労務費＝直接労務費／完成品換算数量
1個あたりの製造間接費＝製造間接費／完成品換算数量

第6章　原価管理の強化

となります。

以上、総合原価計算のポイントをこの章の「2　原価計算の特徴をまとめて図表45に示します。

5　製品原価計算のまとめ

製品原価計算のステップ

原価計算は、第1段階として原価をこの章の「2　原価計算の基本事項」で述べましたように費目別に計算します（費目計算）。つまり、原価計算期間（通常は1か月）の原価を費目別に分類して集計します。

この分類は、会社の経理で行っている費用計算と同じものです。すなわち、この段階では直接材料費、直接労務費、直接経費、製造間接費の4つに分類されます。このうち、直接材料費、直接労務費、直接経費は各製品別に直課（賦課）されます。

また、製造間接費（間接材料費、間接労務費、間接経費）は、次の段階で部門別に配賦されます。

123

【図表 44　総合原価計算のポイント】

■■総合原価計算における留意点
① 直接材料費と加工費を別個に計算する。
　　加工費とは、製造原価から直接材料費を除いた原価、あるいは直接労務費、直接経費および製造間接費を合計した原価
② 仕掛品の材料については、数量を完成品換算率を使って、完成品としてどれだけの量に相当するか換算します。
③ 仕掛品の加工作業量については加工進捗度を使って、完成品としてどれだけの量に相当するか換算（完成品換算数量）します。
④ 当期製造費用によって、どれだけの作業が行われたのか、完成品換算量を計算して、製造費用を完成品原価と期末仕掛品原価とに按分します。

■完成品原価と期末仕掛品原価への按分方法
　総合原価計算では、期首仕掛品と当期投入との合計を、当期完成品と期末仕掛品とに分ける必要がありますが、その計算の基礎となる物の流れの仮定として次の3種類があります。

平均法	両方を平等に完成させます
先入先出法	期首仕掛品を先に完成させます
後入後出法	当期投入分を先に完成させます

【図表 45　個別原価計算と総合原価計算の特徴】

	個別原価計算	総合原価計算
生産販売形態	受注生産	見込み生産
単位原価の計算	原価計算表の原価を合計	原価計算期間の原価合計を生産量で割ります
製造原価の基本的分類	製造直接費と製造間接費	直接材料費と加工費＊
製造指図書の使用	使用します	使用しない場合もあります
期末仕掛品の評価	未完成品の原価計算表原価を集計	先入先出法、平均法等の仮定に基づいて計算

＊加工費：直接労務費、直接経費、製造間接費の合計

第6章　原価管理の強化

【図表46　製品原価計算のまとめ】

第1段階の費目別計算	第1段階の費目別計算で、原価は直接材料費、直接労務費、直接経費、それに製造間接費の4つに分類、集計されました。 　このうち、直接費の3つは製品ごとに直接集計できます。 　一方、製造間接費はそのままでは製品別に集計することはできません。
第2段階の部門計算	そのため、第2段階の部門計算で、部門個別費、部門共通費、補助部門費といった分類を経て、製造部門費に集計されました。
第3段階の製品別計算	そこで、第3段階の製品別計算では、この製造部門費を各製品に配賦しなければなりません。 　この配賦の仕方としては、例えば、製品ごとの直接材料費の使用金額を製造部門費の配賦基準にする方法など金額を基準とするものや、金額ではなく、製品の数量、製品の製造に要した直接作業時間などを配賦基準とする物量基準もあります。

　第2段階では、費目別に分類した製造間接費の原価を部門別に賦課（製造部門個別費）・配賦（電力料や水道料などの製造部門共通費）し、集計するとともに、補助部門費を、次のような方法で各製造部門に配賦します。

　すなわち、直接配賦法（補助部門同士のサービスを無視して製造部門に配賦）、階梯式配賦法（補助部門間でのサービスの量の順位に応じて製造部門に配賦）、相互配賦法（製造部門、補助部門を区別しないで相互に製造部門に配賦）等の配賦基準によって、各製造部門に配賦し、製造部門費を計算します（部門別計算）。部門別に原価を計算することにより、製造間接費を一度に1つの配賦基準で行った場合に比べて精度の高い計算ができます。

　すなわち、間接費を一括して配賦する場合、1つの配賦基準ですべての間接費を配賦することに

125

なります。

それに対して、部門別に集計すれば、各部門別に適切な配賦基準を選べて、より精度が高い妥当な配賦ができることになります。

また、部門別に原価が集計されるので、どの部門にどんな問題があるのか「原価管理」の観点からも役に立ちます

第3段階では、部門別に集計した原価を製品ごとに一定の基準（直接作業時間、機械運転時間、等）で賦課・配賦し、製品ごとの原価を計算します（製品別計算）。

これまでの計算をおさらいした製品原価計算のまとめを図表46に示します。

製造間接費の製品への配賦の計算例を図表47に示します。

図表47では、当月の工場全体の直接材料費、直接労務費、製造間接費、直接作業時間、機械作業時間のデータより、製品Aへの製造間接費配賦額を、各種間接費配賦基準を用いて計算した例を示しています。

図表47より、配賦基準の選び方により製造間接費の配賦額に大幅に影響を受け、製造製品原価の大小を左右することがわかります。

製品別原価計算では、それぞれの製品の製造命令として、製造指図書を発行します。この製造指図書に基づいて、特定製品の原価計算のために、原価計算表を準備します。原価計算表には、直接材料費、直接労務費、直接経費、製造間接費欄や受注先、品名、数量、完成日などの項目が記載されています。

126

第６章　原価管理の強化

【図表47　製造間接費の配賦額計算例】

当月のデータより製品Aへの製造間接費配賦額を各種間接費配賦基準を用いて計算します。

当月のデータ

	工場全体	うち製品A
直接材料費	300,000円	90,000円
直接労務費	375,000円	105,000円
製造間接費	270,000円	
直接作業時間	22,500時間	7,500時間
機械作業時間	45,000時間	10,500時間

製品Aへの製造間接費配賦率の計算

・直接材料費基準：270,000／300,000＝0.9
・直接労務費基準：270,000／375,000＝0.72
・素価基準＊：　270,000／(300,000＋375,000)＝0.4
・直接作業時間基準：270,000／22,500＝12
・機械作業時間基準：270,000／45,000＝6

＊製造間接費は直接原価に比例して発生するという考え方。

製造間接費 配賦基準	製造間接費 配賦率	製品A製造間接費 配賦額
直接材料費基準	0.9／円	81,000円
直接労務費基準	0.72／円	75,600円
素価基準	0.4／円	78,000円
直接作業時間基準	12／時間	90,000円
機械作業時間基準	6／時間	63,000円

これらの原価計算は、原価の消費量および消費価格の実際に基づき計算しなければなりません。また、原価計算の期間は営業年度とし、月次においては、毎月1日から末日までの1か月としています。

原価計算の調整・①予定原価計算

期中においては、製品ごとの実際原価の把握は困難であることから、それらの原価計算を円滑に行うため予定原価により計算を行います。

予定原価計算とは、予定原価に製品別に把握した実績数を乗じて製品ごとの原価を把握することをいいます。予定原価には、見積原価（原価の予測値）と標準原価（こうあるべきだという原価）があります。

とりあえず予定原価として、前年度の実績値を用いています。前年度を基準として原価を管理して、きちんと利益を出すこと、すなわち「原価管理」に役立てることができます。

原価計算の調整・②原価差額

期末において、実際原価と予定原価との差額は、原価差額として費目別、製品単位別に把握します。原価差額は、期末において、その関連する各資産・費用に配賦します。通常は売上原価に配賦すればよいのです。

しかし、予定原価が不適切なため、比較的多額の差異が生じた場合には売上原価、期末仕掛品、期末製品等にも配賦します。

原価差額の算出と配賦の一例を図表48に示します。図表48では、期末において実際原価と予定原価の原価差額を予定原価の総コスト比で配賦した例を示しています。

第6章　原価管理の強化

【図表48　原価差額の算出と配賦の1例】

期首製品棚卸高（実際）	期末製品棚卸高（期末在庫数量×予定原価）	
	期末仕掛品棚卸高（期末在庫数量×予定原価）	
期首仕掛品棚卸高（実際）	サンプル出荷等（出荷数量×予定原価）	
当期製造費用 ・材料費 ・労務費 ・外注費 ・経費	売上原価	売上原価（販売数量×予定原価）
		廃棄処分損（処分数量×予定原価）
	原価差額	

原価差額は予定原価の総コスト比で配賦

直接原価計算

上記した実際原価計算や予定原価計算では、例えば、生産量を2倍に増やしたい場合、原価がどれだけ増えるかといったような計算を容易にはできません。なぜかというと、原価の中には生産量に応じて増減する部分と、生産量の増減に関わりなく発生する部分があり、生産量の増減に比例して原価が増減しないからです。

生産量などに応じて増減する原価を「変動費」、生産量などに関係なく一定額の原価を「固定費」といいます。全部の原価の中から変動費だけを取り出して集計しないと、生産量の増減に応じた原価の計算はできません。

このように、全部でなく一部分のみを集計する原価を「部分原価」といいます。全部を集計するのは「全部原価」です。

最も重要な部分原価は変動費を集計する

129

【図表49　直接原価計算の製品原価と利益の求め方】

製品原価の求め方

全部原価計算		直接原価計算	
直接費	AAA	変動費	CCC
間接費	＋ BBB		
製品原価	AAA ＋ BBB	製品原価	CCC

経常利益の求め方

全部原価計算		直接原価計算	
売上高	DDD	売上高	DDD
売上原価	EEE	変動費	JJJ
売上総利益 X	DDD － EEE	限界利益 W	DDD － JJJ
販売管理費	FFF	固定費	KKK
営業利益 Y	X － FFF	経常利益 Z	W － KKK
営業外収益	GGG		
営業外費用	HHH		
経常利益 Z	Y ＋ GGG － HHH		

「変動原価」であり、変動原価は「直接原価」とも呼び、その計算を「直接原価計算」といいます。製品原価と利益の求め方の一例を図表49に示します。

6　原価計算と原価管理の具体的な方法

原価計算の具体的な方法・①製品原価区分

製品原価区分は、製品ごとに設定する区分であり、原価を製造原価と販売管理費に区分します。

さらに製造原価については、製造直接費と製造間接費に区分します。製造直接費は、原価計算方法を総合原価計算と個別原価計算を行うものに区分します。

製造間接費は、多数の製品原価に共通的に発生し、どの製品原価で計上されたのかが明確でない原価および事業部の共通部門に発生する原価に区分します。

これらの区分をまとめた一例を図表50に示します。

第6章　原価管理の強化

【図表50　製品原価区分の1例】

製品原価区分名称	直接/間接	稼働管理	内容	備考
一般製品	直接	対象	一般製品の製造にかかる直接費を集計するための区分	製品販売後に発生する費用は、製品保証に整理し、一般製品に計上しない
個別受注品	直接	対象	個別受注品の製造にかかる直接費を集計するための区分	製品販売後に発生する費用は、製品保証に整理し、個別受注品に計上しない
製品保証：有償(当年度)	直接	対象	当年度販売したものに対し、有償修理を受けたものにかかる直接費を集計するための区分	アフターコスト
製品保証：有償(過年度)	直接	対象	前年度以前に販売したものに対し、有償修理を受けたものにかかる直接費を集計するための区分	アフターコスト
製品保証：無償(当年度)	直接	対象	当年度販売したものに対し、無償修理等にかかる直接費を集計するための区分	アフターコスト
製品保証：無償(過年度)	直接	対象	前年度以前に販売したものに対し、無償修理等にかかる直接費を集計するための区分	アフターコスト、クレーム処理
製品改良、製作費等(一般製品)	直接	対象	既存製品にかかる開発検索による主だまないカスタマイズ等に対応する区分(一般製品)	実際に製造を開始している一般製品に対し、現在使用している材料の変更や工程の変更を検討する費用。一般製品のみ配賦を行う製造直接費
製品改良、製作費等(個別受注品)	直接	対象	同上(個別受注品)	受注都検討かけで終了済みの個別受注品の真咎注文を見込んで材料の変更や工程の再検討にかかる費用、個別受注品にのみ配賦を行う製造直接費
製品改良、製作費等(一般・個別共用)	直接	対象	新規製造ライン設定における検討非常等を管理する区分	一般製品及び個別受注品に配賦を行う製造直接費
研究開発	直接	対象	開発検索表に基づいて行われる研究開発、および自社内製で成果物を売る可能性がない段階の費用を管理する区分	事業部内で発生する研究開発費(製造直値で処理)、年末に販売費に振替
事業部共通原価	間接	対象外	製品製造に関して、すべてに共通的に配賦されるべき費用を集計する区分	製品部門で製造直接費であるが、特定の製品に直課できない費用(水道光熱費、共通補助材料等)
売上原価調整	直接	対象外	すべて当期の売上原価として処分する区分	製品の棚卸が発生費用でなく、直接費用に直課するもの、細部資産評価損
事業部共通費用	間接	対象外	個々の製品原価として集計しないが、製造間接費と捉えて、売上原価と棚卸資産に配賦処理する区分	事業部の共通部門で発生する費用(減価償却費、リース料、ユニフォーム等)
販売管理費	—	対象外	販売費・一般管理費として集計する区分	販売管理費・一般管理費として発生する費用、細部営業部門以外の事業部の営業部門で発生する費用
製品設計等	直接	対象	製品(モジュール、プリント基板等)の設計用費用等であり、完成後当該製品の製造原価となるプロジェクトの集計区分	製品の設計用費用等(給料等)

131

図表50では、製品原価区分として、一般製品、個別受注品、製品保証費、製品改良費、製品開発や研究開発に要した原価を集計する区分等も設けています。また、直接費か間接費かの別や稼働管理の対象か否か等も併せて示しています。

原価計算の具体的な方法・②製造間接費の配賦基準

当社では、製造間接費を製品原価に配賦する基準として、直接総コスト比を使っています。

配賦基準：直接総コスト（製品原価の直接材料費・直接労務費・直接経費の合計）

原価計算の具体的な方法・③予定労務費単金

個別受注品の場合は、次のとおりです。

前年度労務費総額÷前年度総稼働時間＝予定労務費単金（事業部別）

前年度労務費総額：給料手当・残業手当・賞与・退職手当・賃金・通勤費・法定福利　等

原価計算の具体的な方法・④予定原価

一般製品の場合は、次のとおりです。

・前年度の製品別実際原価を予定原価として使用

第6章　原価管理の強化

- 予定原価により、期中の入出庫を行います
- 決算は、原価差額配賦により実際原価で行います
- 予定原価（単価）は財務会計上の工程単位に設定します。例えば、モジュール製品の場合では、組立工程と検査工程の2工程としています（これは必ずしも生産管理上の工程単位と同じとは限りません）。
- 予定原価の算出は、次の経費区分により算出します。

材料費：工程で消費される主材料、補助材料、支給材料の消費量に固定単価を乗じた費用

労務費：工程で作業する人の直接稼働時間に予定労務単金を乗じた費用

外注費：工程で発生する一部の仕事を外部の業者に委託する費用。設計委託費、加工委託費、組立委託費、検査委託費等

経費：工程で発生する上記以外の直接費用。生産消耗品、直接賦課する減価償却費・旅費交通費・人材派遣費・リース費等

原価計算の具体的な方法・⑤原価部門の設定

原価部門とは、前述したように原価の発生を機能別、責任区分別に管理するとともに、製品原価の計算を正確にするために、原価要素を分類集計する計算組織上の区分をいい、これを製造部門と補助部門に分けます。

① 製造部門

製造部門とは、直接製造作業の行われる部門をいい、製品の種類別、製品の生成の段階、製造活動の種類別等に従って、これを各種の部門または工程に分けます。設計部門、組立部門、検査部門等があります。

② 補助部門

補助部門とは、製造に対して補助的関係にある部門をいい、これを補助経営部門と工場管理部門とに分け、さらに機能の種類別等に従って、これを各種の部門に分けます。

補助経営部門とは、その事業の目的とする製品の生産に直接関与しないで、自己の製品または用役を製造部門に提供する生産管理部等の部門をいいます。

工場管理部門とは、管理機能を行う企画管理部、品質管理部等の部門をいいます。

原価計算の具体的な方法・⑥各種経費の計上

・減価償却費は、償却費の計上事業部別に物件コードを設定することにより、各事業部に計上
・建物賃借料については、事業部から報告された按分比率で分計
・光熱水道料については、事業部から報告された按分比率で分計
・共通費は、各製品原価の総コスト比で配賦
・間接製品原価コードにより購入を行ったものについては、各事業部において、直接製品原価コー

第6章　原価管理の強化

ドへの振替金額等を経理部に報告し、経理部において振替仕訳を行います。

振替仕訳対象原価項目：消耗品費（補助材料）、人材派遣費、修繕費、作業委託費等

稼働管理責任者は、各作業者の直接稼働を把握し、稼働日報を作成します。月末には、これに基づき稼働集計表を作成します。図表51に稼働日報表の一例を示します。また、図表52に稼働時間集計表の一例を示します。

原価管理の具体的な方法・①原価管理の方法

これまで述べたことから、標準（予定）製品原価は次の式で表されます。これ以降では、「標準原価」は「予定原価」の意味で使用します。

標準製品原価＝標準直接部品・材料費＋標準直接労務費＋標準製造間接費

当社のように製品原価の大部分が、組立加工費と部品材料で構成されている（製造間接費が比較的少ない）場合には、製品原価は概略次式で表されます。

製品原価＝標準部品・材料費＋（標準賃率×実際組立時間）

ここで、標準部品・材料費は年度当初にあらかじめ設定しておいた部品・材料原価であり、標準賃率は年度当初に設定した賃率です。賃率は次の式で表せます。

135

【図表51　稼働日報の1例】

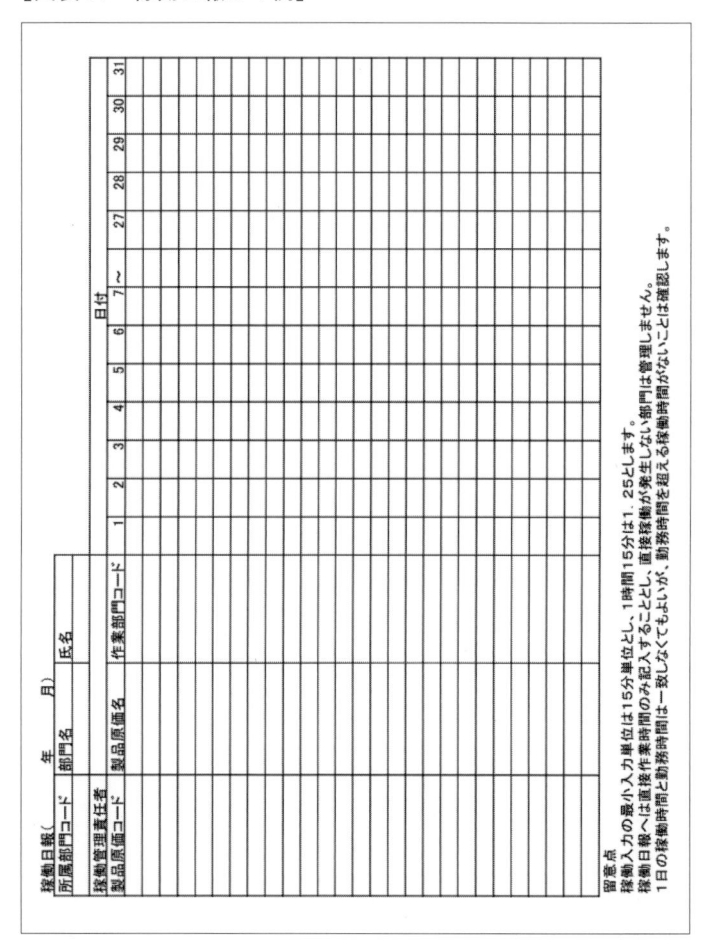

稼働日報（　　　年　　　月　　　日）			
所属部門コード	部門名	氏名	

稼働管理責任者			
製品原価コード	製品原価名	作業部門コード	日付 1〜31

留意点
稼働入力の最小入力単位は15分単位とし、1時間15分は1.25とします。
稼働日報へは直接作業時間のみ記入することとし、直接稼働が発生しない部門は管理しません。
1日の稼働時間と勤務時間は一致しなくてもよいが、勤務時間を超える稼働時間がないことは確認します。

第6章　原価管理の強化

【図表 52　稼働時間集計表の例】

稼働時間集計表

XXXXXX部　　　　稼働管理責任者

部門コード	作業部門コード	製品原価コード	作業時間

注
部門コード：所属する部門コードを入力
作業部門コード：実際に作業した部門コードを入力
製品原価コード：作業した製品原価コードを入力
作業時間：部門コードに所属している人を対象に稼働時間を入力
　　　　例：12時間30分は12.5と入力します

賃率＝作業者の賃金÷（作業者の勤務時間×稼働率）

前記製品原価の式より原価を下げるためには、ごく当たり前のことではありますが、①部品・材料費を下げる、②作業者の賃金を安くする、③作業者の稼働率を上げる、④組立時間を短縮する、等が必要となります。

原価管理の具体的な方法・②原価差異分析

差異分析では、まず、「この原価で製造したい」という原価を設定します。その目標の原価のことを「標準原価」といいます。

標準原価設定の第一の目的は、原価管理を効果的にするためです。すなわち、実際原価ではこれだけの原価が発生したということはわかりますが、比較するものがありませんので、無駄や非能率さを知ることができません。

標準原価計算では予め設定した標準原価と実際原価とを比較して、その差異を求め、差異分析によって対策を講じて、原価能率を向上させることができます。

また、標準原価を設定することにより、次のようなメリットもあります。

① 実際原価は、部品・原材料の品質や歩留まり、操業度等によって変動し、売価を決定するのが難しいのです。標準原価によって売価決定の基礎資料ができます。

第6章　原価管理の強化

② 実際原価計算では、部品・材料の払出単価、部門共通費や補助部門の配賦には手間がかかります。

③ 予算編成の基礎データにすることができます。

標準原価を使えば事務の迅速化を図ることができます。

標準原価の設定

標準原価の設定では、直接費と間接費に分けて標準を設け、さらに製品原価についても標準を設定します。

標準直接部品・材料費は、直接部品・材料の種類ごとに、製品単位当たりの標準消費量と標準価格を設定します。

標準直接労務費は、直接作業の区分ごとに、製品単位あたりの標準作業時間と標準賃率を決めます。

標準製造間接費は、一定期間に各部門に発生する製造間接費の予定額です。これは、固定予算と変動予算として設定します。

上述したことから標準製品原価は先に述べたように次の式で表せます。

標準製品原価＝標準直接部品・材料費＋標準直接労務費＋標準製造間接費

原価差異は、次のように表せます。

直接部品・材料費差異＝標準部品・材料費－実際部品・材料費

原価低減策

　直接部品・材料費は、消費量に消費価格をかけて求めるので、直接部品・材料の差異は、数量差異と価格差異に依存します。

　価格差異は、部品・材料の市場価格・購入方法の変化等によって生じます。

　差異は、作業上の失敗や歩留まりの変化等によって生じます。

　したがって、原価低減策としては、部品・材料の発注先（外注加工先を含む）の見直し、外注単価の値引交渉、発注時期や発注数量の見直し、合見積もりの徹底、代替部品への転換、歩留まりの向上等の対策を立てることができます。

直接労務費差異＝標準労務費－実際労務費

　直接労務費差異は、作業時間差異と賃率差異に依存します。賃率差異は、賃金制度や昇給の予測のずれや人員構成の変化によって生じます。

　作業時間差異は、作業能率の良否から生じます。したがって、原価低減策としては、生産量の平準化、作業ロットの適正化、作業方法や作業手順の改善、作業の標準化、段取作業の改善、職場研修の実施等の対策が必要となります。

第6章　原価管理の強化

製造間接費差異＝標準製造間接費－実際発生額

製造間接費差異は、予算差異、操業度差異、能率差異等からなっています。予算差異は、製造間接費の予算額と実際額の差額です。間接材料の市価の変化や使用方法、間接労務費の予測と実際のずれなどから生じます。

操業度差異は、操業度の変化（実際時間－基準時間）によって生じる差異です。能率差異は、作業能率の程度（許容時間－実際時間）に依存する差異です。

したがって、原価低減策としては、作業時間の短縮、操業度の向上や平準化、事務の効率化等の対策を立てます。

7　活動基準原価計算（ABC）

各製造間接費の発生要因を活動ベースごとに明確にする

これまで述べてきた原価計算は、比較的品種が少なく、数量が多い生産において、製造間接費の割合が少なく、手作業ないし機械作業が製造活動の大半を占めるような場合には有効でした。この場合の製造間接費は、主として直接作業時間や機械の稼働時間などの配賦基準で配賦が行われてきました。

141

各製品が、製造間接費をいくら負担するかは配賦基準や方法に影響され、製造製品原価の大小を左右します。製造間接費が少ない場合、製品製造原価への影響は少ないのでこの方法では問題はありません。

しかし、顧客ニーズの多様化や複雑化により、製造間接費の割合が大きくなるとこの方法では製品原価の実態に合わなくなる場合が多くなります。

それに対して、ABC（Actibity Based Costing）では製造間接費を実在の部門に集計するのではなく、活動センター（およびさらに細分化されたコストプール）に集計し、各コストの発生要因である原価作用因（コスト・ドライバー）に基づいて製品に配賦するものです。こうすることによって各製造間接費の発生要因を活動ベースごとに明確にし、より実態に近い製造原価を算出することができるようになります。

原価を活動原価に分解する

原価を活動原価に分解することで、それぞれの活動原価を増減させる要因を把握することができ、原価を低減させるための具体策をとることができます。

図表53に伝統的な原価計算とABCを比較した結果を示します。

図表53のABCによる計算では、製品A、Bの製造間接費として次の項目と原価作用因（コストドライバー）を選定しています。

① 組立活動関連として、直接作業時間。

第6章 原価管理の強化

【図表53 伝統的な原価計算とＡＢＣの比較】

ABCによる計算

間接費関連活動	原価作用因 *	製品A	製品B	数量合計	間接費合計	配賦率	配賦額 製品A	配賦額 製品B	合計
組立活動関連	直接作業時間	1	9	10時間 **	1,100	110	110	990	1,100
機械加工関連	機械運転時間	1	10	11時間	600	60	60	600	660
設計活動関連	設計回数	1	1	2回	600	300	300	300	600
段取作業	段取回数	1	2	3回	330	110	110	220	330
倉庫作業	発注回数	1	3	4回	360	90	90	270	360
マテハン	運搬回数	3	7	10回	850	85	85	595	850
合計					3,900		925	2,975	3,900
生産量							10	100	110
単位原価							92.50	29.75	35.45

* コストドライバー
** 製品A、製品Bに要した直接作業時間の合計が10時間ということであり、組立活動に要した時間ではありません。直接作業時間は、組立活動関連費のコストドライバーとして選定したものです。

伝統的な原価計算による配賦計算

配賦基準：直接作業時間(10時間)
製造間接費合計額を操業度基準である直接作業時間で割って配賦率を求めます。

	間接費合計	配賦率	配賦額 製品A	配賦額 製品B	合計
	3,900	390	390	3,510	3,900
			10	100	110
合計					
生産量			39,000	35,100	35,450
単位原価					

② 機械加工関連として、機械運転時間。
③ 設計活動関連として、設計回数。
④ 段取作業として、段取回数。

⑤ 倉庫作業として、発注回数。

⑥ マテハンとして、運搬回数。

これら各項目の原価作用因の数量と費用合計から各原価作用因の配賦率を求め、間接費を計算して最後に生産量で割って単位原価を算出します。

その結果、製品Aおよび製品Bの単位原価はそれぞれ92・5円および29・75円となりました。

一方、伝統的な原価計算では、配賦基準として直接作業時間を選定し、配賦率を求めたうえ間接費合計を算出し、生産量で割って単位原価を求めています。その結果、製品Aおよび製品Bの単位原価はそれぞれ39円および35・1円となりました。

このようにABCによるものと伝統的な原価計算では数値がかなり異なるので、間接費の占める割合が大きい場合の原価分析には注意が必要です。直接作業時間の配賦基準のみでは原価の誤差が大きくなることは否めません。

社長：原価管理や原価計算についていろいろ聞かせてもらったが、複雑でややこしい話が多くてわかりづらかった。

企画管理部長：確かに複雑でややこしいのですが、「どんぶり勘定」を卒業して、しっかり利益管理をするためには、原価管理は避けて通れない項目です。社長は心配されずに、わが企画管理部や経理課に任せてください。

144

第7章　購買と在庫の管理

社長：売上が思うように伸びない中で、赤字から脱出するためには、購買や在庫の管理が重要と思われるが。

企画管理部長：おっしゃるとおりです。企業が利益を創出する方法としては、①売価の値上げ、②販売量の拡大、③原価の低減が考えられます。現在の経営環境では①と②を達成するのは非常に難しいです。③の場合で材料費や外注費の低減、および多くの在庫を抱えることによる管理費用の増大をいかに圧縮するか、に着目することが重要です。

本章では、①購買の基本的な考え方、②発注先の選定や購買契約の締結、③発注と納期管理、④取引先との戦略的なパートナーシップを進めて購買価格を低減化、⑤多くの在庫を抱えることによる管理費用の増大化や、欠品等による販売チャンスの喪失を防ぐための在庫管理、等について説明することにします。

1 購買の基本的な考え方

購買活動の基本方針

要求される品質に合致した資材を、適正な自由競争のもとに選択購買します。

146

第 7 章　購買と在庫の管理

取引先とは、相互信頼に基づく取引関係の継続を前提として、共存共栄を図り取引基盤の安定化に努めます。

発注先は公平・公正な評価に基づき、かつ、国内、国外無差別に選定します。

社内製造、外注のいずれが当社の経営に寄与するかを十分検討したうえで、原価低減につながる良質な資材を、適切な発注先から安定確保します。

外注は、合見積もりを原則とし、資材コストの低減を図ります。

外注の判断基準

外注は、コストの低減を念頭にして図表54に示す判断基準に基づいて行います。

購買管理の指針

購買管理の指針を図表55に示します。

法規・規定の遵守

資材調達部門社員は、購買業務の遂行に際し国内外の関係法規および社内規定を遵守しなければなりません。

資材調達部門長は上記項目を達成するため、法規・規定遵守の必要性を十分認識し、遵法管理体

147

制の整備、遵法システムの構築、規定類の整備並びに資材調達部門全員に対する教育の徹底を行います。

また、要求元に対して、遵法教育指導、遵法チェックを適宜行います。

【図表54　外注の判断基準】

- 社内に製造設備もしくは製造技術がない場合。
- 社内で製造可能であるが、余力がない場合。
- 社内で製造可能であるが、経済的見地から外注が有利な場合。
- 社内の設計、開発技術が十分にない場合。
- 社内で設計、開発は可能であるが、余力がない場合。
- 社内で設計、開発は可能であるが、経済的見地から外注が有利な場合。
- 外注先の育成、セカンドソースの確保など、調達施策的見地から外注を行う必要がある場合。

【図表55　購買管理の指針】

- 購買活動は、適正な品質・コストの低減・生産の円滑化（適正な取引先から、適正な時期に、適正な数量だけ購入する）に寄与するよう努めなければなりません。
- 資材調達部門は、調査機能を充実し、常に的確な市場動向の把握に努め、経済性の高い購買を行います。
- 購買活動は、適正な品質・コストの低減・生産の円滑化（適正な取引先から、適正な時期に、適正な数量だけ購入する）に寄与するよう努めなければなりません。
- 資材調達部門は、調査機能を充実し、常に的確な市場動向の把握に努め、経済性の高い購買を行います。
- 購買業務のうち価格と発注先の内定は、競争契約を原則とし、資材調達部門が行います。
- 要求元は発注先を指定したり、あるいは競争見積もりを不当に制約するなどして、有利購買を妨げるようなことをしてはなりません。ただし、次の場合で理由が明確にされたものに限り発注先の指定を認めることができます。
  ①顧客の指定による場合、②技術開発のために必要な場合、③生産または品質に重大な影響を及ぼす場合、④その他資材調達部門長が適正と認めた場合。
- 購入先の依存率（購入先の売上高に占める自社発注額の割合）は原則として、自社の経営計画の変更によって、購入先の経営に影響を及ぼさない範囲にとどめます。

2 発注先の選定と購買契約の締結

発注先の選定

資材調達部門は、企業体質が強く、コスト低減の意欲を持っている企業の中から、次の事項に重点を置き、総合的に判断を行って、発注先の選定を行います。

① 取引先の選定条件を明確にしておきます。
② 資材調達部門は、継続して調達する資材について、特に危険分散に留意する必要がある場合は、1品目につき2社以上の発注先から購買することを原則とします。
③ 取引先評価制度を設定し、取引先の増加・整理をする際に活用します。
④ 購買にあたっては、当該品の製造業者との直接取引を原則とします。

発注先の評価

新規に取引を開始する場合、品質および価格水準、日常の取引姿勢、経営内容、財務内容、技術水準等を勘案し、所定の手続により発注先の評価を実施します。

見積と単価決定

① 見積書の取寄せ

見積書は次の事項等を考慮して取り寄せます。

- 技術・品質水準について、特に必要なものは要求元と検討
- 製造能力または販売能力
- 当社に対する協力意思の程度
- 業界における地位・評判
- 経営状態および経営者の人格識見
- 過去における当社との取引実績

② 購買折衝の進め方

購買折衝の進め方を図表56に示します。

③ 市場性の高い物品については、原則として3社以上の競争見積りを行い、最低見積者が2社以上ある場合、再競争見積もり、または値引き交渉により1社を選定します。

ただし、分割することが、有利な場合は2社以上を選定することができます。

④ 市場性が低い物品または市場性が高いが、競争見積りを行うことが適当でない物品については単独見積を行い、特に見積内容を詳細に検討します。

次のような場合です。

150

第7章 購買と在庫の管理

【図表56　購買折衝の進め方】

- 値下げ要求に気後れや気まずさを感じてはなりません。
- 買う側が値段を下げる要求をすること。
- 相手の営業マンに対し、値下げ要求は数字ではっきり示すこと。
- 値下げ理由を説得すること。例えば、相手の営業マンが上役に報告するとき、値下げすることによって商売が有利になることを説明できるようにしてあげます。
- 値下げ要求が実現しても取引先は別の機会で元を取り戻そうとすることを知っておかねばなりません。
- どうしても値下げできない場合、取引先からどうすれば値下げが可能か聞いてみるのも１つの方法です。
- まだ発注していない段階（設計段階）で価格折衝をしたほうが交渉を有利にできます。

- 特許・実用新案などを所有している資材で、他社が製造していない物品の購買
- 特定発注先の資材が、品質、価格または納期等で独自の有利性を持っている場合
- 調達資材の取替または修理品で、他社の資材を採用することが困難な場合

⑤ 要求元が購買の予算立案や購買依頼のために見積書が必要な場合については、仕様打合せにとどめ、契約事項に関する協議を行ってはいけません。

⑥ 見積書は慎重に取り扱い、その内容を社外に漏洩してはなりません。

⑦ 見積価格妥当性のチェック
見積価格妥当性のチェック項目を図表57に示します。

⑧ 価格決定
資材価格は、原則として最低価格を採用します。ただし、品質、納期、互換性などを勘案し、明らかに有利な場合は、最低価格以外の資材価格とすることができます。

151

【図表57　見積価格妥当性のチェック項目】

- 前回の購入価格と比較します。
- 市場価格と比較します。
- 類似品（大きさの違ったもの、シリーズ品、上下のランク品の見積価格）から類推します。
- 経験から判断します（常に現物を見て見積価格をチェックします）。
- 見積合わせにより価格のレベルを調べます（見積もり合わせのための見積取りと思われないようにします）。
- 見積明細書を必ずもらい、詳細分析をします。あるいは、見積明細書のひな型を作成し、取引先に回答してもらいます。

・2社以上の見積もりが同一条件である場合には、従来からの発注先・アフターサービス・当社の顧客等を優先することがあります。

購買依頼

　要求元は、購買承認を受けた購買票によって、資材の購買依頼を行います。

　資材調達部門は、要求元から提出された購買票の内容をチェックし、これを受理します。購買票の一例と購買等理由書の一例をそれぞれ図表58と図表59に示します。

　購買内容の検討および最善の購買について、資材調達部門は、購買票を受けたとき、要求元、希望発注先、見積合せ実施結果、数量、納期等の適否、その他購買内容を詳細に検討し、当該資材について最善の購買方法をとらなければなりません。

　資材調達部門は、購買内容に不明確または不十分な個所がある場合、その追加・訂正事項等を要求元へ依頼します。

　資材調達部門は、要求元の要求する品質、規格、数量、納期等により購買することが不適当、ま

152

【図表 58　購買票の一例】

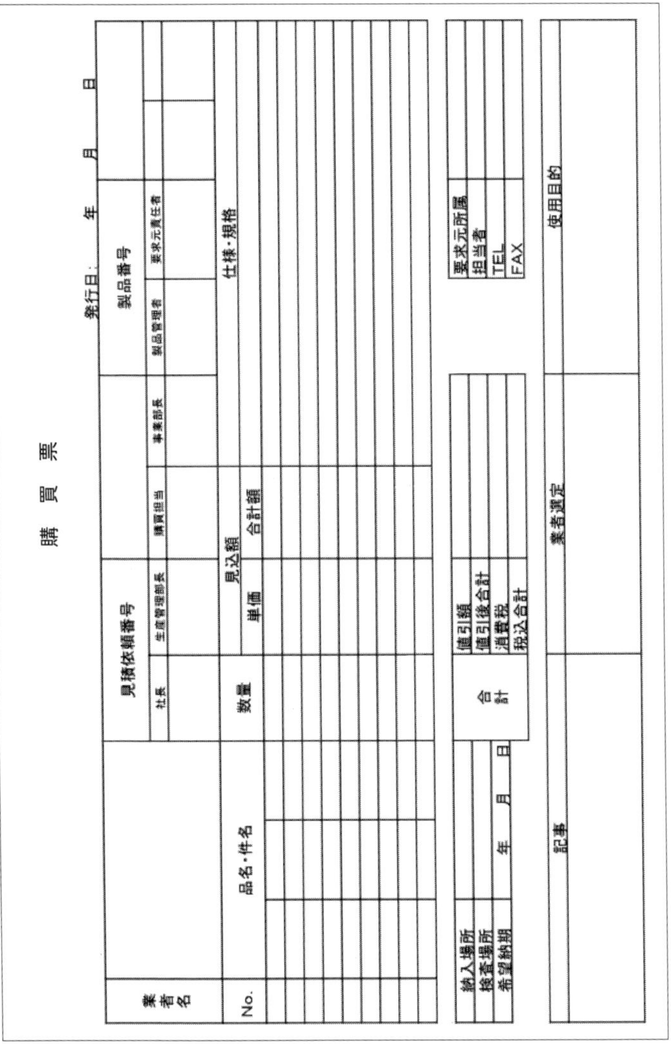
購　買　票

発行日：　　年　　月　　日

業者名		見積依頼番号				製品番号		
		社長	生産管理部長	購買担当	事業部長	製品管理者	要求元責任者	

No.	品名・件名	数量	見込額 単価	見込額 合計額	仕様・規格

納入場所	
検査場所	
希望納期	年　月　日

合計	値引額
	値引後合計
	消費税
	税込合計

要求元所属	
担当者	
TEL	
FAX	

記事	
業者選定	
使用目的	

【図表59　購入等理由書の一例】

購入等理由書

部名　　　　　　　　　　　　　伝票番号

1．受注品目名等
（1）品目名　　　　　　　　　　客先
（2）受注額
（3）材料費または外注費の計画額

2．理由
□材料購入
　　適正在庫量　　　現在庫量　　　購入量　　　使用予定数量
□外注加工
　　□技術的問題　　□要員不足　　□納期切迫　　□コスト削減
　　□その他：

3．購入価格折衝経緯等
（1）見積合せの実施結果

	対象取引先名	見積価格	選定結果	備考
A社				
B社				
C社				

（2）1社のみ選定
・選定理由
□設備との適合性　□1社単独製造　□技術的要請　□契約上の緊急性
□複数業者から購入が可能な場合、2～3の業者を推薦してください。
　購買部門で見積合せを実施します。（300万円以上購入の場合）

□その他
・価格折衝経緯
□年間取決め額
□折衝経緯

昨年度の購入価格	提示価格・定価	値引き額（率）	最終見込み価格

□その他

4．原価要素決定理由
（1）購買目的　□顧客納品物　□自社使用物品　□自社使用ソフト　□その他
（2）単価　　　□20万円以上のもの　　□20万円未満のもの
（3）使用期間　　□次年度でも使用するもの　　□年度内廃棄するもの

第7章　購買と在庫の管理

購買契約の締結

購買契約の締結と履行についての留意点は、次のとおりです。

資材調達部門は、取引実態、契約金額、発注リスク等を勘案し、発注先と契約を締結しなければなりません。

資材調達部門は、①当社製品の品質・納期に影響を与える物品の発注先、②継続的に取引を行う発注先とは、納入、受入検査、品質保証、工業所有権、製造物責任および代金支払い等、売買に関する基本的事項について、基本契約書を締結しなければなりません。

発注先より重要な項目について変更・削除・追加などの申入れがあった場合は、法務担当者と協議のうえ、変更案を作成し所定の決裁を受け締結します。

要求元は、調達資材の品質レベルが製品または生産に特に重大な影響を及ぼすものについては、必要に応じて発注先と個別の品質保証契約を締結するものとします。

締結した購買契約

締結した購買契約は、発注先との信頼関係に基づき、誠実に履行しなければなりません。

購買契約は購買決済後、注文書の申込みに対し、発注先の承諾の意思表示の受領により行うもの

155

とします。

次の事項の場合は、承諾の意思表示として請書を受領します。

・価格の変動が激しいもの、入手が困難なもの、その他契約の成立、その時期、内容が問題となると思われる物品の場合。

・その他、設備等の購買のように、契約の成立または内容につき後日紛争の起こる恐れがあると思われる場合。

3 発注と納期管理

発注

資材調達部門は、発注先、資材価格その他の購買要求事項が妥当であることを確認し、所定の契約権限者の決裁を受けます。

要求元は、図表60に示すような資材発注計画を作成し、これに基づいて購買票を起票したうえで資材発注を行います。

図表60では、資材の調達期間、所要数量、現在の在庫数、安全在庫数、発注残数、発注先および生産計画との対応などを記載することとなっています。

【図表60　資材発注計画の例】

資材発注計画（　月）

No.	品名	品番	調達期間（月）	○月分所要量		有効引当数				安全在庫必要数	当月発注数	生産計画との対応	発注先	発注実績数	備考
				○月分	数量	現場仕掛数	倉庫在庫数	発注残数	小計						

資材調達部門が発注先に注文する場合は、所定の注文書によるものとします。
工程、設備および要員の承認または資格認定などを必要とするとき、仕様書などに要求元がその旨を記述します。
契約納期の基準は、原則として、①指定受渡場所到着の日、②据付渡し、または据付運転渡しの場合は、それぞれ据付完了または据付運転合格の日、とします。

継続的に調達する頻度が高い資材の発注

継続的に調達する頻度が高い資材については、資材調達部門長の承認を得たうえで6か月以内の期間を定めます。

また、単価または単価算定基準および発注先を定めて、所定の見積や単価決定を省略して購買することができます。

納期管理

資材の納期は、常に合理性ある設定を行い、納期管理として定められた納期および品質が確保されるようにしなければなりません。

資材調達部門は、要求元と協力して、発注先が納期を確実に守るよう管理しなければなりません。

158

第7章　購買と在庫の管理

【図表61　資材の支給と貸与の例】

① 品質管理上の要請がある場合。
② 原価低減を図り得る場合。
③ 発注先で当該資材が入手困難な場合。
④ 資材支給または貸与を行わなければ納期に間に合わない場合。
⑤ 販売政策上または機密保持上の必要がある場合。
⑥ 資材に単純加工を施す場合。

受入および検収

受入および検収は、次により行うものとします。

① 発注先には、現品に所定の納品書を添付し納品させます。
② 要求元は、納品された資材について注文内容を照合し、その数量・品質・その他必要な事項について点検を行い、所定の納品であることを確認のうえ検収を行います。
③ 受入検査の結果、不合格となった場合、要求元は速やかに発注先に連絡・協議のうえ、返品・交換・手直しなどの措置を取り、必要に応じて資材調達部門に連絡し協議します。
④ 検収の締切は、原則として毎月末とします。

検収

検収に際し、または検収後事故を発見した場合は、速やかに必要な処置を講じなければなりません。

契約代金の支払い

契約代金の支払いは、原則として、検収日を基準として、月末締め・翌々月末支払いとします。

159

支給品と貸与品の管理

資材調達部門は、発注先に対して資材の支給または貸与をする必要がある場合、関係部課の了解を得てこれを行わねばなりません。資材の支給は無償を原則とします。

資材の支給または貸与の必要があるものは図表61に示す場合です。

資材調達部門は、支給または貸与資材は、善良なる管理者の注意義務をもってこれを発注先に管理させるとともに、個別契約履行のために限って使用させるものとし、在庫や保管状況を定期的に報告させ管理します。

4 購買価格の低減化

社長：　材料や部品の購買価格はどのような方法で低減させているのか。

企画管理部長：　購買価格を引き下げる方法としては、①機能を満たすものを最低のコストで得るための組織的な活動（ＶＡ）を行う、②取引先メーカーの指導、育成を通じてコスト改善に結びつける、③合理的なコスト計算を通じてコスト改善につなげる、④値下げ折衝のレベルアップを通じて安い価格を引き出す、等の方法があります。

ここでは、当社の一事業部が行った価格低減活動について紹介します。

第7章 購買と在庫の管理

そこで、事業部に関係のある取引先に一堂に集まってもらって事業内容説明会を開催します。そこで、事業部経営の過去、現在、将来の見通しを説明し、その中で事業部の購買の方針の説明を併せて行って、コストダウンや高品質・短納期化への理解と協力を呼びかけます。受注状況が好調な製品の調達方針と取引先に期待することについての一例を以下に紹介することにします。

事業の成長による資材調達の拡大

今年度の製品出荷台数は昨年度に比べて30％～50％増、資材調達量も同程度増加している状況です。

資材調達量の増加対策としては、取引先との長期的な相互信頼関係に基づき、情報共有化や共同技術開発等まで踏み込んだ戦略的パートナーシップの構築、取引先のマルチベンダー化、調達先のグローバル化、取引先への長期間フォーキャストの開示等を進めています。

今後の調達方針

生産管理部門で作成した大綱生産計画に基づき、各製品の部品構成表から資材の所要量を算出し、所要時期の5～6か月前から調達資材のフォーキャストをWeb上で提示します。この予測値は1か月ごとに更新します。部品・材料メーカーは、これをチェックしながら生産計

161

画を立てます。その後、ほぼ確定した機種別生産計画に基づき、枠取り計画という形で「部材調達に入ってほしい」という指示を出します。

その時期は調達リードタイムや部品ごとに異なりますが、枠取り計画時点で当社側に引取り責任が発生するものとしています。

その後、確定生産計画に基づき正式発注をするという流れになります。

以上の調達方針の流れを図表62に示します。

【図表62　今後の調達方針】

```
取引先(部品メーカーなど)
┌─────────────┬──────────────────┬──────────────────┬──────────────┐
│ 5～6か月前    │ 以降、予測値を    │ 3か月～1か月前    │ 1か月～2週間前│
│              │ 1か月ごと更新     │ (部品調達期間による)│             │
│ フォーキャスト│                  │ 枠取り計画       │ 正式発注      │
│ を提示        │                  │ (引き取り責任)    │              │
│              │                  │                  │              │
│ 大綱生産計画  │                  │ 機種別生産計画    │ 確定生産計画  │
└─────────────┴──────────────────┴──────────────────┴──────────────┘
当社                                                              → 生産
```

① 取引先に期待すること

　短納期化、供給能力の柔軟化

162

第7章　購買と在庫の管理

市場の変化や顧客ニーズの変化への素早い対応や仕様変更・設計変更に対する素早い対応のためには短納期化は必須です。

また、増産基調にある場合の突然の発注等への対処としては1か月分程度の余裕在庫の確保も重要です。生産増加だけではなく、需要変動等に柔軟に対応できる体制の確立もお願いしたい項目です。

② 納期の遵守

納期フォローしなくても指定日時に生産ラインに投入できるように納期厳守をお願いします。これまでの納期遅れの主な原因は、発注側の原因として、発注の遅れ、督促不徹底、支給部材不足等であり、取引先の原因としては、在庫調整不足、設備故障、ロットアウト、規格外れ、情報伝達の遅延等があります。

今後は納期の信頼度を主体に価格交渉における協力度、納品の合格率等を含めた取引先の評価制度を導入する予定です。

③ 低価格化

生産性の向上やVA活動により、年率10～30％のコストダウンをお願いします。当社製品の顧客からは四半期ごとに5％のコストダウンを要求されていることもあって、大変大きな課題と捉えています。

取引先と当社とのパートナーシップ

中長期的な部材の調達情報の提供をWebの活用等を含めて進めます。

163

取引先には、納期の確保とリーズナブルなコストダウンの提供をお願いします。部品在庫の引取り責任や返品条件等について、取引先と発注者の適切なリスク分担を行います。次期製品開発における協力を行うことによって、良きパートナーシップを確立し、取引先と当社共々発展することができれば素晴らしいことです。

5　在庫管理

社長：　資金繰りの観点からも在庫管理は重要と思うが、どう考えているのかね。

企画管理部長：　在庫は多く持てばよいというものではありません。多くの在庫を抱えることにより、管理費用が増大し、多額の資金が有効に生かせずに眠ってしまうからです。一方、在庫が少な過ぎれば、欠品等が生じて販売チャンスを失うことにもなりかねません。したがって、適正な在庫を持って企業経営を円滑に行っていかねばならないと考えています。在庫管理が重要である所以はここにあると思います。

在庫リスクを低減化する方法については、第9章の「3　生産リードタイム短縮化策を取り入れた効果」の中で、ABC管理を導入し、その有効性について説明しています。

第7章　購買と在庫の管理

在庫管理の要点

在庫管理の要点は、次のとおりです。

- 適正な在庫量を持ち、在庫費用の節減と資金の効果的な運用を図ります。
- 適正な在庫量で販売活動を円滑にします。
- 在庫状況を早期に把握し、品切れによる販売機会損失を防止するとともに、過剰在庫による死蔵品等の発生を未然に防止します。
- 在庫量の最小化を図って、資材調達リードタイムを短縮します。
- 在庫量の適正化を図って、生産リードタイムを短縮します。

在庫の増加要因

在庫の増加要因は、次のとおりです。

- 受注の見込み違い、突発的な販売計画の変更。
- 生産工程間の能力のアンバランスによる工程途中での在庫の滞留。
- 品切れによる販売機会損失を避けるための安全在庫。
- 生産計画の精度が粗いために発生する余分な在庫。
- 設計仕様が途中で変更されるための在庫増加。
- 在庫管理システムの不備。

在庫管理に関わる経営指標

在庫管理において、商品、製品、あるいは部品・材料が入庫されてから出庫（販売）されるまでの期間が短いほど在庫を少なくでき、経営上早期に現金化されることになるのでキャッシュフローが増加することになります。

この指標として在庫の「回転期間」および「回転率」があり、次式で求めることができます。

回転期間＝12÷（在庫高÷売上高）（月）
回転率＝売上高÷在庫高　（回）

ここで、在庫高：製品、商品、仕掛品、材料・部品、貯蔵品の期首と期末の平均増減の推移をみて何が在庫増の原因かを明らかにします。

この回転期間は、小さければ小さいほど好ましいです。逆に、回転率は、大きければ大きいほどよいのです。

3年程度以上の回転期間または回転率の増減の推移をみて、何が在庫増の原因かを明らかにします。原因の分析には、製品別や材料別に分析することも重要です。全在庫の平均的な回転期間や回転率だけでは原因を特定化できない可能性があるからです。

第8章 設計品質の改善

社長：　製造部門での不良品の発生は大きな問題となっていないかね。
企画管理部長：　品質管理が進んできましたので、だいぶ改善されてきて、現在大きな問題とはなっていません。
社長：　現在の品質管理の課題は何かね。
企画管理部長：　現在の品質管理の課題は、不良品を減らすことで利益の増加を図るというよりも、市場の要求に合った新製品を如何にタイミングよく開発するかに変わってきています。したがって設計品質の改善や生産リードタイムの改善（次章で説明します）が大きなテーマとなっています。以下にこのテーマを主体に詳しく説明します。

大部分の製造業には、開発・設計部門があり、そこで市場の要求に合った製品の設計開発を行っています。
製造業においては設計部門が重要な位置を占めることになりますので、設計品質を向上させることは企業の利益改善の点からも大切です。
本章では、①利益の改善に必要な設計品質の考え方、②顧客仕様のネック技術等を見極めて受注可否判断を行う受注審査、③機能設計以降の設計工程の可否判断を行う設計方針審査、④回路設計の入力仕様と出力特性を照合し、設計の妥当性を判断する回路設計レビュー、⑤顧客仕様と最終設計結果との照合・確認を行う設計出荷審査、等について説明します。

168

第8章 設計品質の改善

1 設計品質の考え方

アナログICの設計工程

図表63にアナログICの設計工程を示します。

図表63には、顧客仕様、受注審査、設計方針策定、設計方針審査、機能ブロック設計、回路図入力、回路シミュレーション、回路定数の最適化、結果の編集、機能ブロック仕様との比較、全回路統合シミュレーション、回路設計レビュー、レイアウト設計、バックアノーテーション、レイアウト設計レビュー、設計出荷審査など一連の設計工程を示しています。

読者はあまりにも詳細すぎるのではないかと思われるかもしれません。しかし、これには理由があります。それは、設計業務の工程が、生産工程のように明確に決められていないことによります。

大雑把な設計工程や手順は誰でも知っていますが、中身が明らかでないうえに、技術者個人個人でさまざまなのです。

設計品質の改善の考え方

製品の設計品質が悪ければ、それはたちまち製品原価の悪化につながることになります。設計と

169

【図表 63　アナログＩＣ設計工程の一例】

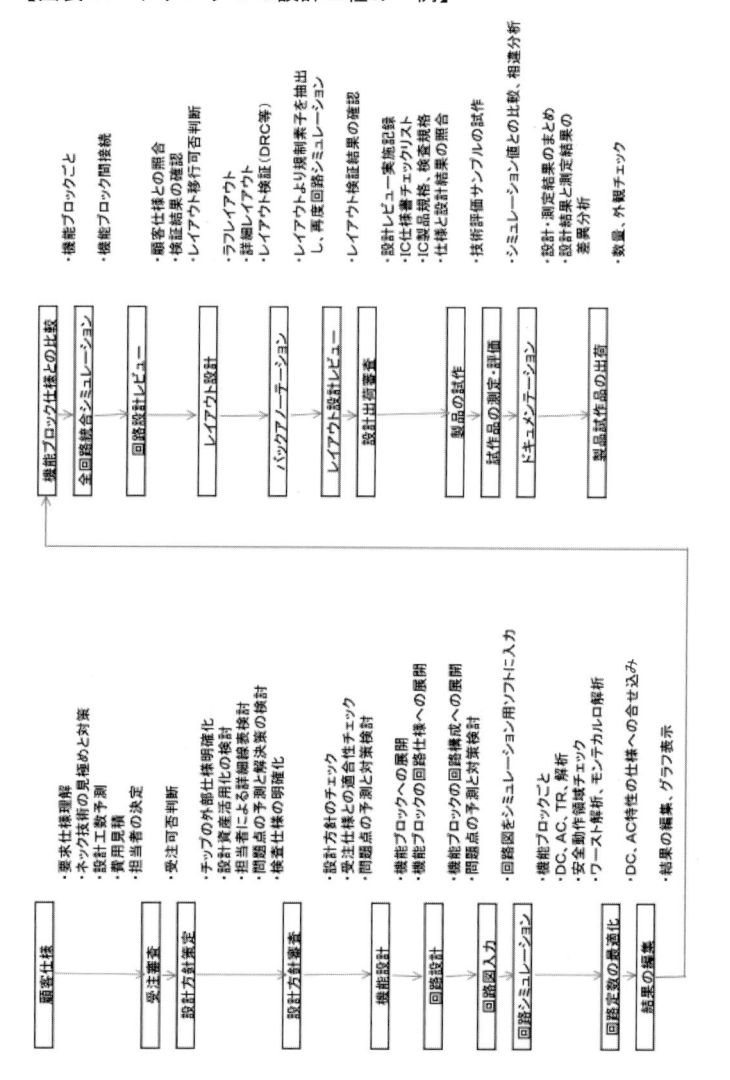

設計フロー（上段：後工程）

機能ブロック仕様との比較
- 機能ブロックごと
- 機能ブロック間接続

全回路総合シミュレーション
- 顧客仕様との照合
- 検証結果の確認
- レイアウト移行可否判断

回路設計レビュー

レイアウト設計
- ラフレイアウト
- 詳細レイアウト
- レイアウト検証（DRC等）

バックアノテーション
- レイアウトより規制素子を抽出し、再度回路シミュレーション

レイアウト設計レビュー
- レイアウト検証結果の確認

設計出図審査
- 設計レビュー実施記録
- IC仕様書チェックリスト
- IC製品規格、検査規格
- 仕様と設計結果の照合

製品の試作
- 技術評価サンプルの試作

試作品の測定・評価
- シミュレーション値との比較、相関分析

ドキュメンテーション
- 設計結果のまとめ
- 設計結果と測定結果の差異分析

製品試作品の出荷
- 数量、外観チェック

設計フロー（下段：前工程）

顧客仕様
- 要求仕様理解
- ネック技術の見極めと対策
- 設計工数予測
- 費用見積
- 担当者の決定

受注審査
- 受注可否判断

設計方針策定
- チップの外部仕様明確化
- 設計資産活用化の検討
- 担当者による詳細課題検討
- 問題点の予測と解決策の検討
- 検査仕様の明確化

機能設計
- 設計方針のチェック
- 受注仕様との適合性検討
- 問題点の予測と対策検討

回路設計
- 機能ブロックへの展開
- 機能ブロックの回路仕様の展開
- 機能ブロックの回路構成の展開
- 問題点の予測と対策検討

回路図入力
- 回路図をシミュレーション用ソフトに入力

回路シミュレーション
- 機能ブロックごと
- DC, AC, TR, 解析
- 安全動作領域チェック
- ワースト解析、モンテカルロ解析
- DC, AC特性の仕様への合せ込み

回路定数の最適化

結果の編集
- 結果の編集、グラフ表示

170

第8章　設計品質の改善

いう業務は個人の能力によって設計結果の品質に大きなバラツキが生じます。このような設計のバラツキを最小限に抑え、設計品質の均一化を保とうとするならば、どうしても設計の工程をできる限り細分化し、そのサブ工程ごとに結果をチェックしていく必要があるのです。すなわち仕事のやり方を如何にマネジメントしていくかが大きなカギを握ることになります。

当社は、IC関連の設計・製造業ですが、設計業務を扱う他の業種であっても設計品質の改善の考え方は全く同じです。

設計審査

第4章の図表25の「設計の流れと審査の時期」で示したように、設計審査や設計レビューを設計工程の要所要所に組み込み、不具合の未然防止に努めているのもこの一環です。

設計審査では、①設計が十分であると認めた根拠、②修正作業が必要な項目とその理由、を取りまとめておくことが次工程以降の設計工程を効率的に進めるためには重要です。

そのために、①その作業が始まるときに揃っていなくてはならない文書、②その作業が終わったときに揃っていなくてはならない文書、③作業内容の具体的な項目、を明らかにするように努めねばなりません。これは、第4章の「ISO9001の導入」の項でも述べたとおりです。

設計管理の点からは、設計から試作・評価・製品化の全行程を通して、手戻り、手直し不要の設計がポイントになります。

171

以下に設計品質の改善という観点から図表63に示した各工程を概略見ていくことにしましょう。

2 受注審査

顧客仕様

当該設計部門の管理者は、顧客仕様を概略把握したうえで、仕様の難度に応じて、いくつかの設計グループの中から最もふさわしいと思われる担当者の候補を決めて、そのグループのリーダーに可否を打診します。

グループリーダーは、要求仕様を詳細に理解したうえで担当者を確定します。担当者には、本仕様のネック技術の見極めとその対策、設計工数予測、費用の見積もりをさせます。

ここで重要となるのは、ネック技術の見極めと対策です。これが深く詰められていないと工数の予測や費用見積もり、手直し等に大きな影響を与えるからです。

受注審査

受注審査では、上記顧客仕様のネック技術の見極めとその対策、設計工数予測、費用の見積もり、を主体に審査し、受注の可否判断を行ないます。

172

第8章　設計品質の改善

図表27の「設計審査の目的と実施方法」にも示しているように、設計事業部長を委員長とした、設計事業部会議で審査を行います。主要審査資料は設計担当者が事前に作成した、受注仕様書、経費積算書、設計工程表、商用移行計画表（商用移行予定製品の場合、研究試作品の場合は必要なし）です。

3　設計方針審査

設計方針策定

この工程では、①ICチップの外部仕様を明確にする、②過去に同様の設計事例があった場合には、その設計資産（類似設計データ）を活用できるかどうかを検討する、③設計工程表をさらに具体化した詳細な線表を作成し、納期を満たすことができるかどうか確認する、④設計の手戻りや納期遅延を極力避けるため、問題点の予測と解決策を事前に検討しておく、⑤ICチップ完成時に、どのような電気的特性を検査すればよいのか、検査仕様と測定方法を明確にしておきます。

設計方針審査

次の機能設計以降の設計工程への着手可否を判断するため、設計方法、手順、要求性能の確認手

173

段等、設計構想の妥当性を審査します。設計部長を委員長とし、製品管理者、製品担当者、当該技術分野の専門家等を委員とした場で審査します。

受注仕様との適合性チェックや問題点の予測と対策の立案に関して、専門家から幅広く意見を聞き、設計の手戻りや納期遅延が発生しないようにします。

次工程以降で発生する設計上の問題点は、具体的な設計着手前の設計方針の詰めの甘さによる場合が多いので、設計方針審査は非常に重要です。

4 回路設計レビュー

機能設計

この工程では、要求仕様を機能ブロックへと展開します。そして各機能ブロックを回路仕様へと展開し、機能ブロックごとの特性仕様を明確にします。

回路設計

各機能ブロックを回路構成に落とし込む工程です。回路構成上の問題点予測と回路構成の代替案等の対策を講じておかねばなりません。

174

第8章 設計品質の改善

ここでは、各機能ブロックごとの暫定的な特性規格を設定しておきます。

回路図入力

各機能ブロックの回路構成を具体的な回路図に展開し、回路の電気的特性を確認するために、回路図を回路シミュレーション用ソフトに入力します。

回路シミュレーション・回路定数の最適化

CAD（コンピュータ支援設計）を利用して機能ブロックごとに回路シミュレーションを行い、各機能ブロックが暫定電気的特性規格を満足するかを確認します。必要に応じて、DC（直流）、AC（交流）、TR（過渡）解析を行ないます。

特性が得られる目途をつけたところで、CADの回路定数最適化機能を利用して、DC、AC特性の要求性能仕様への合せ込みを行います。

また、回路素子定数がばらついたときにも特性仕様を満足するかどうかを確認するために、ワースト解析やモンテカルロ解析を行う場合もあります。

各機能ブロックの回路シミュレーションで注意すべき点は、各機能ブロックごとの入出力インピーダンスを隣接する機能ブロックを接続した場合と同じになるようにしてシミュレーションしなければ正確な特性を得ることができないということです。

175

結果の編集

シミュレーション結果を編集したり、グラフ表示をして各回路ブロックごとの電気的特性を確認し、特性仕様上問題となるような点がないかをチェックします。

各機能ブロック仕様との比較

先に明らかにした機能ブロックごとの仕様と回路シミュレーション結果とを比較し、仕様を満足しているかどうかを確認します。

全回路統合シミュレーション

各機能ブロックをすべて接続し、全体回路のシミュレーションを行って、要求仕様の諸特性を求めます。この段階で、IC製品規格（案）、製品検査規格（案）をまとめておきます。

回路設計レビュー

回路設計の入力仕様と出力特性を照合し、顧客仕様を満足しているかを確認し、設計の妥当性を判断します。

また、IC製品規格（案）および製品検査規格（案）についても審議します。そのうえで、次の設計工程であるレイアウト設計への移行可否判断を行います。

176

第8章 設計品質の改善

5 設計出荷審査

レイアウト（回路素子・回路ブロックの配置・配線）設計

まずはじめに、機能ブロックごとにラフレイアウト設計を行います。その際に、①チップサイズ、②ICの外部端子配置、③各機能ブロックの配置制約、④各機能ブロックの形状制約、外部端子の位置制約、⑤各機能ブロック間の配線情報、⑥電源やアースの配線引回しおよび配線の幅等を考慮し、各機能ブロックの相対配置およびブロック間の配線経路を考えたICチップ内のレイアウトイメージを構想します。これらの関係を図表64に示します。

ICチップ内のラフレイアウトと各ブロック間の相対位置等に見通しを得たのち、各機能ブロックおよび全体の詳細レイアウト設計を行います。レイアウト設計結果は、DA（設計自動化）ツール等を用いてレイアウトデザインルール等のチェックを行います。

また、レイアウト設計データから回路シミュレーションDAツール用のネットリストを抽出し、回路図を生成します。そしてこの抽出した回路図と回路設計時の回路図を比較して同一であるかどうかを確認します。

ここで述べたレイアウト設計手法は、比較的規模が小さく高周波・高機能特性を要求される場合

177

【図表64　ＩＣのレイアウト設計】

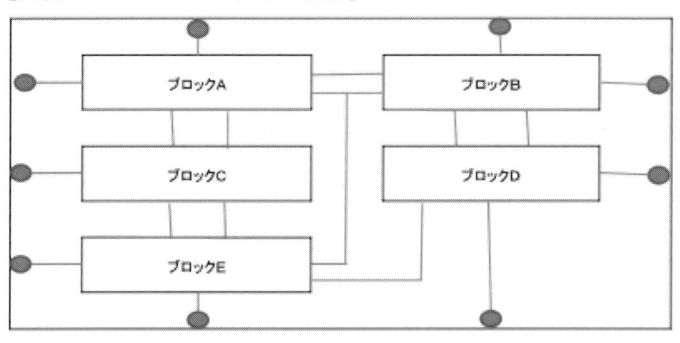

（1）要求仕様の機能ブロックへの展開

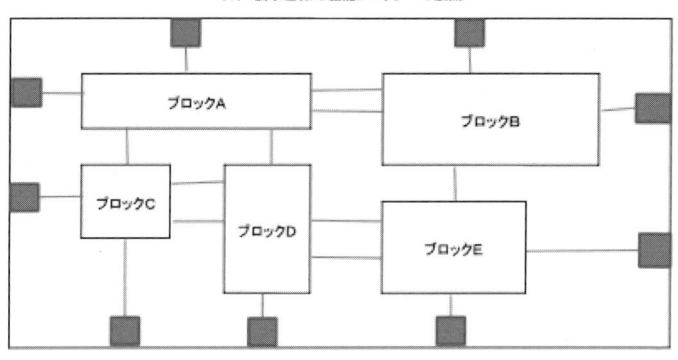

（2）ICチップ内のレイアウトのイメージ

の方法です。

バックアノーテーション
詳細レイアウト設計の結果（レイアウトパタン設計図）から各回路素子に付随している寄生素子を抽出し、再度回路シミュレーションを行って、電気的特性が大幅に劣化していないか、仕様を満足する範囲内かを確認します。

レイアウト設計レビュー
レイアウト設計検証結果を確認し、次の設計出荷審

178

第8章　設計品質の改善

査に備えます。

設計出荷審査

顧客要求仕様と最終設計結果との照合確認を行い、製造工程への移行判断を行います。設計部長を委員長とする設計出荷審査会議を開催して行うのです。

主要な審査資料は、①設計レビュー実施記録、②IC仕様書チェックリスト（図表65に一例を示します）、③製品仕様書と設計値との照合結果、④IC製品規格、製品検査規格、⑤製品仕様書に基づく製品の合否判定基準、⑥測定・評価法、等を審査し次の生産工程への移行判断を行います。

6　設計遅延の一般的是正対策

社長：　先ほど新製品を市場にタイムリーに投入することが重要という話を聞いたが、製品開発の遅れに対しては問題ないかね。

企画管理部長：　製品開発の遅れの大きな要因は設計遅延に基づくものです。わが社だけではなく、他社でも同様の問題を抱えています。

一般的には以下のように対処しています。

179

【図表65　ＩＣ仕様書チェックリストの一例】

ＩＣ仕様書チェックリスト

以下のチェック項目を明確化（作成）していますか？	チェック	備考＊
1．概要	YES　NO　不要	
2．特徴	YES　NO　不要	
3．用途（必要があれば）	YES　NO　不要	
4．回路構成（ブロック図）	YES　NO　不要	
5．端子接続図	YES　NO　不要	
6．端子説明（端子機能）	YES　NO　不要	
7．機能（機能仕様または機能説明）	YES　NO　不要	
8．電気的特性　　8．1　絶対最大定格	YES　NO　不要	
8．2　推奨動作条件	YES　NO　不要	
8．3　直流特性	YES　NO　不要	
8．4　入／出力端子容量	YES　NO　不要	
8．5　交流特性	YES　NO　不要	
8・6　電気的特性測定回路	YES　NO　不要	
8．7　タイミング図	YES　NO　不要	
9．外形図　パッケージ寸法等を明示します	YES　NO　不要	
10．捺印（マーキング）	YES　NO　不要	
11．取扱い注意事項	YES　NO　不要	
12．信頼性、その他要求事項	YES　NO　不要	

＊NOの場合はいつまでに明確化するかを記入します。設計レビュー時には明確化の有無を必ず確認してください。また、不要の場合はその理由を記入します。

　なお、受注インタフェースの関係で、上記項目に当てはまらない場合は、自らチェックリストを作成してチェック結果を添付してください。

作成者		作成日		特記事項	
確認（製品管理者）		確認日			
承認（部長）		承認日		総合判定	

第8章 設計品質の改善

7 製品・試作品の出荷

設計の日程管理

設計の日程管理はどの企業においてもうまくいっているところは多くないようです。製品の高度化や多様化により、設計の質の変化と量の増大が起こり、そこに質・量に対する能力不足が発生するからです。

また、社内的には、①設計すべき内容の計画変更とか設計上のミスからやり直しが起こり、結果として遅れる、②本来工数上、または日程上無理なことを承知していながら、何とかやり遂げようとするが、結果として遅れる、等の要因があげられます。

設計遅延対策は、図表66のような項目が考えられます。

【図表66 設計遅延対策の例】

・遅延の原因が設計方法の行き詰まりにある場合は、設計者の質的な補強が必要です。
・定型的作業の場合は、作業の直列化を並列化します。
　新たなリソースが必要となります。
・残業等により日程を稼ぐようにします。しかし、自ずと限界があります。
・新規設計要素を減らし、実績のある旧来のものに戻します。この場合、新規設計で狙った性能向上あるいはコストダウンなどの目標達成は断念することになります。
・日程を変更して予定を遅らせます。これが簡単にできれば苦労はありません。

技術評価サンプル製造

顧客要求仕様がすべて設計上盛り込まれているか確認するために、製造部門または外注により製

181

品の技術評価サンプルを試作します。

試作評価サンプルの測定・評価
設計検証及び製品出荷のために測定・評価を行ないます。シミュレーション値との比較を行い、相違点を分析します。必要があればシミュレーション用デバイス（回路素子）モデルを改良します。

ドキュメンテーションの作成
設計結果や測定結果をまとめます。設計結果と測定結果の差異分析を行います。また、顧客用説明資料を作成します。
図表67にLSI製品仕様の規定項目およびカタログの構成の一例を示します。DAシステムとリンクして、キーワードや特性仕様によって検索可能な設計資産のデータベース化を行います。

製品試作品の出荷
数量、外観をチェックし、梱包して試作品を出荷します。

設計品質の改善
前記した設計から生産までの工程を何度となく繰り返して設計工程上のチェックポイントや設計

182

第8章　設計品質の改善

【図表67　ＬＳＩ製品仕様の規定項目およびカタログ構成の一例】

ＬＳＩ製品仕様の規定項目およびカタログ構成

1. 概要
2. 特徴
3. 用途
4. 回路構成（ブロック図）
5. 端子接続図
6. 端子説明（端子機能）
7. 機能（機能仕様または機能説明）
8. 電気的特性
　8．1　絶対最大定格（周囲温度２５°Ｃと規定します）
　　　　動作温度、保存温度、電源電圧、入力電圧、出力電圧
　　　　許容損失等を規定します。
　8．2　推奨動作条件
　　　　動作温度、電源電圧等の範囲を規定します。
　8．3　直流特性
　　　　特に指定がない場合には、「推奨動作条件において」を指定します。
　8．4　入／出力端子容量
　8．5　交流特性
　　　　特に指定がない場合には、「推奨動作条件において」を指定します。
　8．6　電気的特性測定回路
　　　　　（ディジタルＬＳＩでは特殊な測定回路を使用する場合に記載）
　8．7　タイミング図（ディジタルＬＳＩの場合）
9. 外形図
　　パッケージ寸法等を明示します。
10．捺印（マーキング）
　　捺印表示の向きとパッケージのインデックスマークとの位置関係を明示します。
11．取扱い注意事項（安全性等を含めて）
12．信頼性、法規制上およびその他要求事項
13．応用回路例（カタログの場合、商用化の可能性が大きければ）

レビュー、審査の方法等を試行錯誤しながら技術の向上を図り、そのことによって設計品質は改善していくものと考えています。

設計品質の改善と標準化

標準化されている部品や方法を使用すればするほど、新規の部品や方法の使用頻度が少なくなり、設計レヴュー等では新規の部品や方法に集中して審議することができる。このため、設計品質の改善も期待できることになります。

標準化という面からみれば不具合の原因は、①標準が決められていなかった、②標準は決められていたが、決め方が不適切であった、③標準自体には問題がなかったが、標準通りに作業が実施されていなかった、のいずれかに分類できます。標準通り作業を進めあにもかかわらず、不具合が発生したということは、標準に問題があったということであり、標準の問題のある部分を改善することにより、標準のレベルが一層向上することになります。すなわち設計品質の改善につながっていきます。

わが社では実際問題として、特別な仕様の注文や新しい技術を採用した製品を受注しなければならないことも多いです。このような場合でも、全く新しい設計としてはじめからやり直すのではなくて、過去に蓄積されてきた技術や、既存の回路、設計図を活用したり、標準化された設計法を取り入れることによって効率的な設計を進めることができるし、設計品質の改善にもつながります。

第9章 生産リードタイムの短縮

社長：先ほど製品をタイムリーに市場に投入するためには、生産リードタイムの改善も重要と聞いたが、どれほどの効果があるのか説明してほしい。

企画管理部長：生産リードタイムとは、生産管理部門が生産指示を出してから、その生産指示に相当する量の製品が完成するまでの期間です。

生産リードタイムを短縮することができれば、①部品材料の在庫リスクが低減できる、②モジュールの仕掛リスクが低減できる、③納期短縮ができ顧客満足度が向上する、④小ロット化することができ、小口オーダーへも対応できるので顧客の増大につながる、等のメリットがあります。

1 モジュール組立工程リードタイムの実態調査結果

本章では、モジュール製品の生産リードタイムのうち、モジュール組立工程のリードタイムの短縮化に焦点を当て、リードタイムの現状を調査・分析し、短縮化のために行った施策を取り入れたことによる効果等について紹介します。

モジュール製品の概略製造フロー

モジュール製品の概略製造フローを図表68に示します。図表68での生産リードタイムは、①モ

186

第9章 生産リードタイムの短縮

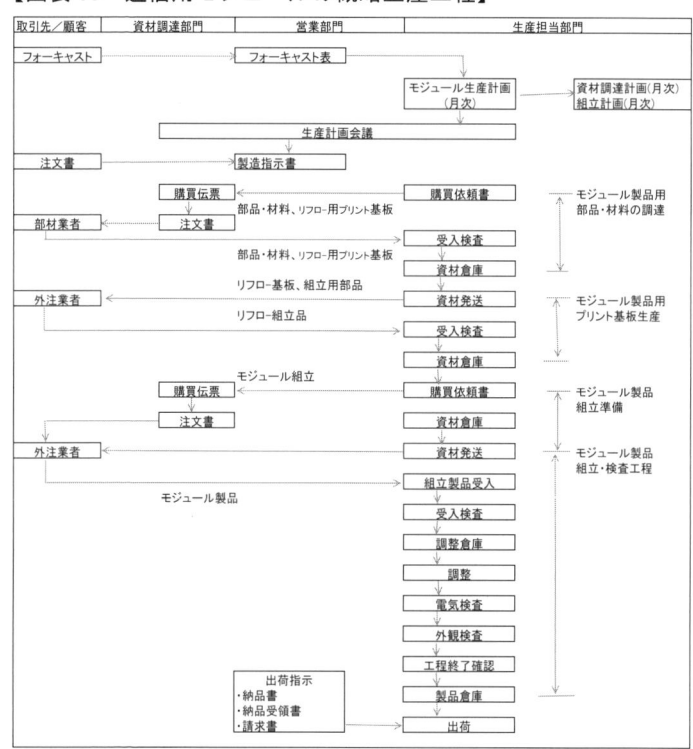

【図表68 通信用モジュールの概略生産工程】

取引先／顧客	資材調達部門	営業部門	生産担当部門	
フォーキャスト	→	フォーキャスト表		
			モジュール生産計画（月次）	資材調達計画（月次）組立計画（月次）
		生産計画会議		
注文書		製造指示書		
	購買伝票		購買依頼書	モジュール製品用部品・材料の調達
	部品・材料、リフロー用プリント基板			
部材業者	← 注文書			
	部品・材料、リフロー用プリント基板		受入検査	
			資材倉庫	
外注業者	リフロー基板、組立用部品		資材発送	モジュール製品用プリント基板生産
	リフロー組立品		受入検査	
			資材倉庫	
	モジュール組立			
	購買伝票		購買依頼書	モジュール製品組立準備
	← 注文書		資材倉庫	
外注業者			資材発送	モジュール製品組立・検査工程
	モジュール製品		組立製品受入	
			受入検査	
			調整倉庫	
			調整	
			電気検査	
			外観検査	
			工程終了確認	
		出荷指示・納品書・納品受領書・請求書	製品倉庫	
			出荷	

ジュール用の部品・材料の調達期間、②モジュール製品用プリント基板の生産期間、③モジュール製品組立準備、モジュール製品の組立て・検査期間、から構成されます。

ここでは、主として③の「モジュール製品の組立て・検査期間」の短縮化に焦点を当て、現状の生産リードタイムを調査・分析し、これを短縮化するための施策とその結果について説明します。調査するために、数ロット分を生産工程に流しこれらの平均データを使っ

187

てリードタイムを算出しています。

作業時間と待ち時間について定義

作業時間と待ち時間については、次のように定義しておきます。

① 作業時間：設定された工程の開始から終了までとします。工程内の細かい待ち時間は作業時間に含めます。

② 待ち時間：設定された工程の終了から次工程の開始までとします。ただし、業務開始、終了時間に関わる時間については、9時から業務開始までと業務終了から18時までは待ち時間とします。組立工程リードタイムの平均値は、20・6日（概略1日は、稼働率を80％とすれば6・4時間となる）となっています。

その内訳は、次のとおりです。

- 外注リードタイム（作業時間＋待ち時間）：42％
- 受入検査リードタイム（作業時間＋待ち時間）：17％
- 組立棚リードタイム（待ち時間）：6％
- 電気検査リードタイム（作業時間＋待ち時間）：19％
- 外観検査リードタイム（作業時間＋待ち時間）：12％
- その他のリードタイム（作業時間＋待ち時間）：4％

第9章 生産リードタイムの短縮

作業時間と待ち時間を調査した結果

作業時間と待ち時間を調査した結果は、次のとおりです。

① 作業時間：16・5日（全体のリードタイムの80％）のうち外注組立リードタイムが約6割を占めています。

その内訳は、次のとおりです。

- 外注組立リードタイム：59％
- スクリーニングリードタイム：8％
- 受入検査リードタイム：6％
- 電気検査リードタイム：17％
- その他リードタイム：10％

② 待ち時間：4・1日（全体のリードタイムの20％と大きな割合を占めています）

その内訳、次のとおりです。

- 受入・スクリーニングリードタイム：36％
- 外観検査・工程終了リードタイム：33％
- 外観検査前リードタイム：9％
- その他リードタイム：22％

2 生産リードタイム短縮化に必要な方策

外注組立リードタイムの分析と短縮化策

外注組立業者の能力を超えた多数のロット分をまとめて発注していたため、改めて外注業者の工程能力を調査し、適正規模の発注・納入計画を立てて発注を行うこととしました。

スクリーニングリードタイムの分析と短縮化策

スクリーニングとは一定の品質を確保するために行うものであり、温度サイクル試験として低温30分、推移時間15分、高温30分、を1サイクルとして4サイクル実施し、合計で5時間30分を要します。モジュールの信頼度確保上、現状では時間短縮は困難ですので、当面は現状維持とします。
一方、モジュールがまとめて納入されており、スクリーニング待ちが発生していましたので、上記と同様に適正規模ロットの納入ができるように発注・納入計画を立てて発注を行うこととしました。

受入検査リードタイムの分析と短縮化策

スクリーニング後に大量のモジュールが滞留していることがわかりました。また、新検査項目の

第9章　生産リードタイムの短縮

追加により担当者が不慣れな状態が続いていることも明らかになりました。

こうした調査結果に基づき、処理量を考慮した生産計画（外注組立計画）を立てるとともに、訓練を実施して十分な経験（習熟効果）を積ませるようにすることが重要です。

また、合否判定基準待ちの発生も見られたので、合否判定基準をわかりよく整備して、直ちに次工程へ移れるようにしました。

併せて、仕掛品置場（倉庫）の面積を縮小して物理的に多くの滞留品を置けないようにするなどの工夫も行いました。

電気検査リードタイムの分析と短縮化策

現状は、電気検査表の作成等を数ロットまとめて実施（バッチ処理）しています。また、処理に長時間要するので当日中にできない場合が多く、翌朝に繰り越すと始業点検等の余分な時間が加わることになります。

このようなことから、バッチ処理からロット単位処理へ変更し、当日中に処理する管理体制をとることにしました。また、多能工化による各種作業可能者を増員するとともに、小ロット化生産方式を導入し、段取り時間をできるだけ短縮するようにしました。

受入・スクリーニング間の待ち時間の分析と短縮化策

担当者が他の作業を行っているためスクリーニングができないのです。また、スクリーニング槽

が使用中であるため使えない状況も頻発しています。一度にスクリーニング能力を超えたモジュールが納入されています。こうした調査結果から、多能工化による各種作業可能な要員を増やすとともに、適正数量の投入、受入計画を作成するようにしました。

外観検査・工程終了間の待ち時間の分析と短縮化策

外観検査の承認・確認等を数ロットまとめて実施（バッチ処理）しています。また、前日夜に外観検査が終わると承認・確認が翌朝になります。

こうしたことから、対策として①バッチ処理からロット単位の処理に変更する、②当日中に処理する管理体制を確立する、③工場内の進捗管理版を活用する、等を行いました。

その他生産計画にかかわる事項の分析と短縮化策

従来、実績リードタイムの20日前後の出荷予定でモジュールの生産計画を作成しており、製造上の出荷時期主体の管理がなされていました。

今後はこれをリードタイム短縮化策を取り入れ、外注組立、受入検査、電気検査、外観検査、等工程ごとに日程管理するための標準生産日程表を導入するようにしました（短縮化したリードタイム10日前後で日程計画を作成）。

192

第9章　生産リードタイムの短縮

3 生産リードタイム短縮化策を取り入れた効果

モジュール組立工程のリードタイム

短縮化策を取り入れた結果、モジュール組立工程のリードタイムを58％短縮化することができました。内訳としては、作業時間の改善効果が53％であり、待ち時間の改善効果が78％でした。

最もリードタイムの長い外注リードタイムが45％程度、次に長い電気検査リードタイムや外観検査リードタイムがいずれも60％程度以上短縮化することができました。

これらのデータは、モジュール製品のごく一部の品種のデータですので、今後は全品種についてこれらの方策を取り入れていきたいと考えています。

通信用モジュール全体の生産リードタイム

また、通信用モジュール全体の生産リードタイムとしては、モジュールの組立・検査工程のほかに、部品・材料の調達リードタイムおよびモジュール用プリント基板のリードタイムを併せて短縮化しなければなりません。プリント基板についてはモジュール組立の外注リードタイムの短縮化策と同様な対策を考えればよいと思っています。

部品・材料の調達リードタイム

部品・材料の調達リードタイムについては、次のように考えています。

現状は、部材の調達リードタイムが整理されていないため部材を一括購入していました。

今後は、部材ごとに調達リードタイムを把握するとともに、調達リードタイムが比較的短く、モジュール受注前に手配の必要なリスク手配資材（A）、調達リードタイムが長くかつ高額で、モジュール受注後に手配可能な資材（B）、単価が安く、補充点管理で手配すれば十分な資材（C）、に区分したABC管理方式を導入し在庫リスクを低減させることを考えています。

（A）については、①部材ごとに部品調達リードタイム、単価を明確にします。②部材ごとのリードタイムを加味して先行発注を行ないます。③先行発注は生産計画会議に付議し決裁をもらいます。

（B）については、発注確定ごとに購入手配を行ないます。

（C）については、部品ごとに最低保有数を決めておき、その最低保有数を割った時点で購入手配を行います。

このようなABC管理を導入することにより、従来の手配方法に比べて60％以上の在庫リスクの低減化を達成しました。

今後の課題

今後の課題としては、リードタイム上の問題を早期に発見するため、工程毎に作業時間と待ち時間の双方がモニターできるようなリードタイム集計システムに改善することが必要であると考えています。

194

第10章 研究開発の効率化と設備投資の経済性

社長：当社は、研究開発型の企業であり、開発した製品を製造し、販売して収益を得ている。タイムリーな新製品の開発は経営戦略のうえで最重要課題と考えている。

企画管理部長：おっしゃるとおりです。将来にわたって継続的に収益を確保するためには、顧客が要望する新製品や新技術をタイムリーに生み出し、経営改善に貢献するために必要な研究開発を効率的に行うとともに設備投資の経済化を追求することも重要です。

1 研究開発の一般的考察

以下に、①研究開発についての一般的考察、②研究開発のねらいや技術的ポイント、③比較的よく用いられている正味現在価値法による設備投資の経済性、等について説明します。

研究開発の目的

企業における研究開発の目的は、顧客が要望する新製品や新技術をタイムリーに生み出し、収益を上げて自社の発展に寄与することにあります。しかも、できるだけ効率よくタイムリーに出さなければなりません。

第10章　研究開発の効率化と設備投資の経済性

研究開発の生産性を向上することが課題

当社は、研究開発型の企業であり、開発した製品を製造（外注を含む）し、販売して収益を得ています。そのため、今後成長していくためには新製品や新技術の研究開発に力を入れていかざるを得ません。そのため研究開発費は増加傾向にありますが、経営資源にはおのずと限りがありますので研究開発の生産性を向上しなければなりません。

研究開発費の増加の理由としては、研究員の人件費が上昇していること、多品種少量生産によって製品開発に要する人・時が増大していること、製品のライフサイクルが短縮化し研究開発のインターバルが短くなっていること、等が挙げられます。

研究開発は、基礎研究と製品開発の2つに大別できます。基礎研究は、基礎技術などに関する科学的な研究です。一方、製品開発は、新製品や新サービスなどについての研究開発であり、目的が明確で、成果が比較的短期間に利益に結び付く可能性の高いものです。

ちなみに当社では製品開発のみを行っています。

社長：　研究開発の生産性について君の考えを聞きたい。

企画管理部長：　研究開発の生産性向上は、テーマの企画から事業化に至る全工程によって左右されます。つまり研究開発の生産性は、「良いテーマ」「目標の絞り込み」、「効率的な実施」、「事業化」にわたる研究開発のシステム的ないしはトータルな活動の中で達成されるということです。この

197

ため、先に示した中長期経営計画の中で、研究開発費の大枠と、研究開発項目を決めておきます。この中長期経営計画の枠内で、現場の研究技術者が、具体的な製品の研究開発計画、設備投資計画、販売計画といった詳細な計画を立案していくことになります。

図表69に研究開発計画書様式の一例を示します。図表69は重要ですので詳しく説明します。

研究開発費の大枠予算と研究開発項目の立案

研究開発費の大枠予算としては、売上高や目標利益を基に、研究開発の内容、競争状況などを考慮して決めます。業界によってばらつきはありますが、当社では売上高研究開発費率を設定して決めています。また、一定の予算を確保するとともに優秀な人材を一定数以上確保することも重要です。

研究開発項目の立案に際しては、自社の保有する製品や技術をいかに活用してニーズに適した技術・製品を企画・開発するかがポイントとなります。特に自社の強み技術であるコアテクノロジーの活用はスピードアップのみならず競争力のある技術・製品開発の決め手となります。

製品開発など実用的な研究開発の場合には、社内の部門を超えた協力が必要なことが多くなります。良い製品を開発するには、販売部門から顧客の声を吸い上げたり、設計部門とデザインや機能を検討したり、購買部門と部品や原材料の機能や効率を見直したりするというような他の部門の意

198

第10章 研究開発の効率化と設備投資の経済性

【図表69 研究開発計画書（西暦　　年度）の一例】

研究開発計画書（西暦　　年度）

登録番号			社長説明		決済	
登録印	登録種別			社長	事業部長	主管部長
	計画 継続 完了	中止 変更 移行	西暦　年　月　日			

研究開発項目名			
主管組織	担当者		プロジェクトコード

1. 研究開発の狙い・技術的ポイント

2. 社外の研究開発状況

3. 本研究開発の優位性

4. 成果とその時期（マイルストーン等）

5. 事業貢献の見通し ／ 6. 特許出願件数（見込件数／実績件数）

7. 予想されるリスク

8. スケジュール
   - 予定研究開発期間
   - 支援報告予定
   - 製品化移行時期
   - 研究開発実績期間

9. 社長・営業部長・企画管理部長の意見等記入欄

9. 成果報告記録（年月日欄）

見を聞くような場を設ける必要があります。

その他重要な生産性向上の取組みとしては、①研究開発リードタイムの短縮、②研究開発テーマの絞り込み、③研究開発コストの圧縮、④一定期間ごとに組織を見直し、研究の活性化を図る、等があげられます。

以下に図表69の各項目の内容、趣旨について簡単に説明します。

2 研究開発のねらいと技術的ポイント

研究開発のねらい

自社の保有する技術をいかに活用してニーズに適した製品・技術を企画、開発して売上の増大を図るかを考察することが重要です。特に、自社の強み技術の活用は研究開発のスピードアップのみならず競争力のある製品・技術開発の決め手となります。

良い研究開発テーマの基本要件は、①自社の将来事業領域との適合性、②市場ニーズとの適合性、③オリジナリティと競争力、④タイミングの4点です。

競争相手（製品・技術）を明確にして自社の強み、弱みを分析し、勝つための目標を設定しなければなりません。市場の規模や成長性よりも競争条件の方が事業収益に強い影響力を持つことが多

第10章　研究開発の効率化と設備投資の経済性

いようです。

何を行うかのキーワード（例えば、新技術の研究開発、新製品の研究開発、新製造設備の研究開発、調査のための設計、試作、等）を主体に記入します。

社外の研究開発状況

最近のように情報手段が発達し、伝達速度が速くなってきますと、各社とも類似のことを同時に考える可能性が高まります。他社よりいかに早く開発を行い事業化して実績を確保するかが極めて重要となります。

そのため、社外の研究開発動向やマーケット動向の情報を早期に把握したうえで、ある種の研究開発効果をイメージして、研究開発に臨まねばなりません。製品の性能や機能、競争相手の企業名など、できるだけ具体的に定量的に記入します。

研究開発の優位性

他社との差別化の程度と質は、ユーザーに提供する価値（便益）の高さと新規性（独自性）によって決まってきます。

製品にせよ、技術にせよ、そのコンセプト段階で本質的な差別化がなされていない限り、結果として大きな成果を出せない場合が多いようです。差別化の戦略としては次の2つがあります。

201

① 同質的差別化戦略

既存の製品・技術の持つ機能・サービスのうち、ある特定の機能、サービスに着目してニーズ充足度を高め、製品・技術の価値を高めようとする発想です。

例えば、既存のガソリン車から、低燃費化に特化したハイブリッド車を開発する等が挙げられます。

② 異質化戦略

既存の製品・技術の持つ機能・サービスを全体的かつ根本的に見直し、ニーズ充足度の質的レベルを変えようとする発想であり、技術や市場の大きな変わり目をとらえた発想です。

例えば、ブラウン管テレビを抜本的に薄型化と低消費電力化して開発した、液晶テレビ等のような場合です。

他社と比較して自社研究開発製品の優位性をできるだけ具体的かつ定量的に記入します。

成果とその時期（マイルストーン等）

研究開発の企画内容を実行するために研究開発計画線表を作成します。図表70に計画線表の様式の一例を示します。作成にあたっては図表71に示す事項に留意しなければなりません。

開発期間が予定より長引かないように、チェック体制をしっかり固めておくことがとくに重要です。

第 10 章 研究開発の効率化と設備投資の経済性

【図表 70 研究開発計画線表の例】

研究開発計画線表

研究開発項目名	担当者	線表	月	年度 4 5 6 7 8 9 10 11 12 1 2 3	年度 4 5 6 7 8 9 10
			計画		
			実績		
		計画対実績差異の理由と対応策、今後の見通し			

事業貢献の見通し

直接的には、年間どの程度の売上増が見込めるのか見通しを立てます。また、間接的にどのような効果が期待できるかについても言及します。

特許出願

特許出願の見込件数と実績件数を記入します。件数は 1 つの出願書類に記載できる発明は 1 件とします。

203

【図表71　研究開発計画を作成するうえでの留意事項】

① 単年度計画と全体計画との関係が理解できるように工夫すること
　研究開発は終了までに長期間を要します。最終的にどの程度の期間をかけて何をアウトプットするかという全体計画の中で、単年度計画の位置づけを明確にします。
② 主要なマイルストン（道標）を設定すること
　線表には、進行過程の節々にマイルストンを設定し、それらへの到達状況を質的に評価できるようにすることが望ましいです。
③ 計画対実績差異がわかるように工夫すること
　マイルストン方式に基づいて、計画対実績差異がわかるように表示します。特に差異の内容と対応策を記述します。
④ 進捗評価を行うために会議体などを適宜設けること
　日常的に行われる事業部会議や検討会のほかに部門間で互いに進捗状況を確認し、調整する部門間連絡会議などの会議体を設置することが望ましいです。

予想されるリスク

開発期間が大幅に遅れた場合やネック技術の開発に手間取った場合の予想されるリスクについて言及します。

研究開発に要した資金が計画通りに回収されるかどうかについては重要な点であり、このリスクを低減させるためにも開発期間の短縮化は重要です。

研究開発費計画

次項の「3　設備投資の経済性」の項で説明します。

3　設備投資の経済性

社長：赤字企業であるので効率的な設備投資を行わねばならないだろう。

企画管理部長：まったくそのとおりです。設備投資の経済性について留意しなければなりません。経済性を計算

第10章　研究開発の効率化と設備投資の経済性

し、評価することにより設備投資をすべきか否かを判定することができます。

設備投資の採算を知るためには、設備投資の経済性計算を実施しなければなりません。設備投資の経済性の計算にはいろいろな方法がありますが、ここでは比較的よく用いられている正味現在価値法について説明します。

それを理解するために、まずフリーキャッシュフローと投資の時間的価値について簡単に説明します。これについては、参考文献16に非常にわかりやすく述べられていますので、大いに活用させていただきました。

フリーキャッシュフロー

フリーキャッシュフローとは、企業が事業活動から生み出すことができたキャッシュフロー（企業活動に伴うキャッシュの流れ）のことであり、企業の事業活動から生み出された利益である「営業利益」を出発点として、後述する修正を加えて計算します。

投資の時間的価値

一般に、毎年Rn（年率）の利払いのあるn年物の債権にCF0を投資する場合（これを1年複利による投資といいます）のn年後の将来価値CFnは、

205

で表されることになります。

$CF_n = CF_0 \times (1+R_n)^n$ ……(1)

したがって、n年後のキャッシュフローCF_nの現在価値PV（CF0）は、n年もののキャッシュフローの割引率（金融市場における利回り）をR_nとすると、

$PV(CF_0) = CF_n \div (1+R_n)^n$ ……(2)

ここで、$1 \div (1+R_n)^n$ を複利原価係数といいます。

投資の現在価値（PV）を算出する場合には、将来発生するキャッシュフローを同じような投資機会によって得られる利回りで割り引く（将来の価格を現在価値に置き換えること）ことになります。

この割引率であるディスカウントレートは、時間とリスクをベースに、割引率により決定されることになります。

また、利率rで毎年CFのキャッシュフローが永続的に入る場合、キャッシュフロー現在価値の総合計PVは次式で表されます。

第10章　研究開発の効率化と設備投資の経済性

正味現在価値（NPV）

正味現在価値（NPV）とは、現在価値の考え方を使って、ある投資プロジェクトから結果としてどれだけのキャッシュフローが生み出されるのかを計算したものです。言い換えれば、ある投資プロジェクトを実行するといくら儲かるかについて、金額を基準に評価していくものです。このNPV法のことを、DCF（ディスカウンテッド・キャッシュフロー）法と呼ぶこともあります。

具体的には、投資プロジェクトから将来生み出されると予測されるフリーキャッシュフローの現在価値から初期投資額を差し引いて計算します。このNPV法による結果がプラスであれば、その投資プロジェクトを実行するとそのNPVの金額だけ儲かることを意味します。

なお、今後n年にわたり毎年フリーキャッシュフローを生み出すような投資プロジェクトのNPVの計算方法は次のようになります。

$$PV = CF \div (1+r)^1 + CF \div (1+r)^2 + CF \div (1+r)^3 + \cdots = CF \div r \quad (3)$$

$$PV(CF1 \sim CFn) = -CF0 + CF1 \div (1+r)^1 + CF2 \div (1+r)^2 + \cdots + CFn \div (1+r)^n \quad (4)$$

CFO：初期投資額
PV：現在価値

CF：フリーキャッシュフロー
r：割引率

本来は期間ごとに違った割引率を用いることが望ましいです。しかし、将来を予測することが難しいため、実際には割引率はフリーキャッシュフローの時期に関わらず一定であると仮定して計算する場合が多いようです。

正味現在価値法による研究開発投資の経済性計算

新製品の研究開発プロジェクトを実行するかどうかの意思決定について、正味現在価値法使って考えてみます。本プロジェクトは超高周波・超高速ICのシリーズ製品の研究開発を新たに企画したものです。本プロジェクトには新製品の設計・評価用の装置類一式が必須となります。

2014年度初めに50,000千円をかけて、新製品設計・評価用の装置類一式を導入したいと計画しています。この装置類の設置が完了するのは本年度末で、2014年度半ばに設計装置が稼働し始め、2015年度初めから新製品の試作品を評価するために評価装置が稼働する予定です。この装置の導入によって、設計・評価装置の費用は2014年度末に一括で支払うこととします。

増加することが見込まれる売上高と製造コスト、製造した製品の販売のために追加で発生する販売費用と管理費用などを予想して作成した2019年度までの今後の5年間の予測損益計算書は図表72の「研究開発費計算書の一例」のとおりです。

208

第10章 研究開発の効率化と設備投資の経済性

【図表72 研究開発費計算書の一例】

予測損益計算書

金額単位：千円

	2015	2016	2017	2018	2019	2020	2021以降
売上高	0	150,000	200,000	210,000	220,000	230,000	230,000
製造原価	0	110,900	148,500	151,960	157,320	159,980	159,980
原材料費	0	17,700	23,600	24,780	25,960	27,140	27,140
外注費	0	22,200	29,600	31,080	32,560	34,040	34,040
労務費	0	39,000	51,300	51,300	52,800	52,800	52,800
減価償却費	0	5,000	8,000	7,000	7,000	6,500	6,500
その他経費	0	27,000	36,000	37,800	39,000	39,500	39,500
売上総利益	0	39,100	51,500	58,040	62,680	70,020	70,020
販売管理費	0	30,000	38,000	38,500	39,000	39,500	39,500
販売部門増加経費	0	16,500	20,900	21,175	21,450	21,725	21,725
管理部門増加経費	0	13,500	17,100	17,325	17,550	17,775	17,775
営業利益	0	9,100	13,500	19,540	23,680	30,520	30,520

フリーキャッシュフローの計算と正味現在価値の評価額

金額単位：千円

	2015	2016	2017	2018	2019	2020	2021以降	合計
営業利益	0	9,100	13,500	19,540	23,680	30,520	30,520	
法人税(税率40%)	0	3,640	5,400	7,816	9,472	12,208	12,208	
税引後営業利益	0	5,460	8,100	11,724	14,208	18,312	18,312	
減価償却費(+)		5,000	8,000	7,000	7,000	6,500	6,500	
設備投資額(−)	50,000	0	0	0	0	0	6,500	
運転資本増加額(−)		23,000	7,720	1,206	1,364	1,139	0	
フリーキャッシュフロー	−50,000	−12,540	8,380	17,518	19,844	23,673	18,312	
割引率(複利原価係数)	1.000	0.885	0.783	0.693	0.613	0.543		
フリーキャッシュフロー現在価値	−50,000	−11,098	6,562	12,140	12,164	12,854		−17,377

注　複利原価係数：単年度の価値を現在価値に置き換える係数

残存価値						34,976	34,976
正味現在価値による評価額							17,599

割引率	13%
設計装置の利用可能期間	10年

運転資本の推移

金額単位：千円

	2015	2016	2017	2018	2019	2020	2021以降
売上債権(+)	0	18,750	25,000	26,250	27,500	28,750	28,750
棚卸資産(+)	0	9,238	12,370	12,658	13,105	13,326	13,326
仕入債務(−)	0	4,988	6,650	6,983	7,315	7,648	7,648
正味運転資本	0	23,000	30,720	31,926	33,290	34,429	34,429
増加運転資本		23,000	7,720	1,206	1,364	1,139	0

なお、2020年度以降は2019年度と全く同じ状況で10年間装置が稼働し、事業が継続していくものと想定しています。

図表72の予測損益計算書では、売上高と製造原価および販売管理費の予測値を算出して、各年度の営業利益を予測します。これが今後5年間のキャッシュフローを予測するための出発点となります。

フリーキャッシュフローの計算と正味現在価値の評価額

これを基にして「フリーキャッシュフローの計算と正味現在価値の評価額」を求めます。以下に各ステップの計算方法を示します。各ステップの数式や数値は、基本的には2016年度の計算例を示しています。

① 営業利益をベースに、税率を40％と仮定して計算した税金を差し引き、税引き後営業利益を計算します。

営業利益 9,100 － 法人税（9,100 × 0.4）＝ 5,460

② 営業利益からキャッシュフローを算出するための修正を行います。まず、製造原価に含まれている減価償却費は営業利益算出の際には差し引かれているが実際にはキャッシュは出ていかないので加えることになります。なお、減価償却費は通常販売管理費に含めていますがここではキャッシュフローを簡便に求めるために販売管理費には含めてはいません。

第 10 章　研究開発の効率化と設備投資の経済性

③ 設備投資額については、投資の段階ではすぐに費用にはならないため営業利益からは差し引かれていませんが、キャッシュは出ていますので差し引くことになります。なお、2016年度以降は設備投資額をゼロと仮定しています。

税引後営業利益 5,460 ＋ 減価償却費 5,000 ＝ 10,460

④ 次は、運転資本の増加額を差し引くことになります。これは新製品の開発製造を行うとその製品の販売数量の拡大に伴って売上債権と棚卸資産が増加し、またそれに伴う仕入の増大によって仕入債務が増加します。

そのために運転資本の増加・減少によるキャッシュフローの変化部分を修正するために調整の計算が必要となります。これについては、上述した売上債権、棚卸資産および仕入債務の年度末の残高を基にして計算しています。計算結果は、図表72の中で「運転資本の推移」で示しています。

ここでの正味運転資本は、「売上債権＋棚卸資産ー仕入債務」(18,750 ＋ 9,238 ー 4,988 ＝ 23,000) として、また「増加運転資本」は、「今期末運転資本ー前期末運転資本」(23,000 ー 0 ＝ 23,000) として計算しています。この金額の増加分が、運転資本に関連するキャッシュフローの減少分になります。

ここで、運転資本については、過去の類似した事業における数字や、今後の取引条件・在庫管理などの方針を基に、以下のように想定しています。

売上債権：各年度事業末にその年の売上高の12・5％（1・5か月）分が残るものとします。

- 棚卸資産：各事業年度末にその年の売上原価の8.3％（1か月）が残るものとします。
- 仕入債務：各年度事業年度末にその年の原材料費・外注費の12.5％（1.5か月）分が残るものとします。

⑤ 最後のステップでは、このフリーキャッシュフローの予測値から現在価値を算出することになります。

このようにして求めた各ステップの項を加減算することにより、各年度のフリーキャッシュフローの予測数値が計算（5,460＋5,000－23,000＝－12,540）できることになります。

このプロジェクトの評価を行うことにしています。

したがって、2016年度のフリーキャッシュフローは評価時点から1年後に発生するものであるため、13％分だけ割り引く、つまり1÷（1＋0.13）＝0.885を掛けることが必要になります（フリーキャッシュフローの現在価値：－12,540×0.885＝－11,098）。次に2017年度についてはその2乗、つまり1÷（1＋0.13）^{2}＝0.783を掛けることになります。

さらに、2018年度以降も3乗、4乗したものを掛け合せます。その結果、2015年度から2020年度までのフリーキャッシュフローの現在価値は、合計で17,377千円のマイナスとなります（－50,000－11,098＋6,562＋12,140＋12,164＋12,854＝－17,377）。

第10章　研究開発の効率化と設備投資の経済性

2021年度以降の分

次に考えるのが2021年度以降の分です。今回の場合では、2021年度以降は5年間設計評価用装置が使えるものと仮定しています。

また、2021年度以降は予測損益計算書上の2020年度の状況がその後5年間にわたって同じように続くと仮定しています。したがって、2021年度以降の税引後営業利益は2020年度と同額（18,312）になると想定しています。また、減価償却費も2020年度と同額と予想し、さらに設備投資についても設備の現状維持だけの分にとどめるということで減価償却費と同じ金額（6,500）と仮定します。

また、運転資本についても売上高が2021年度以降は全く変動しないと仮定していますので、増加運転資本はゼロと仮定しています。そうすると2021年度以降5年間のフリーキャッシュフローは毎年度18,312千円となります（18,312＋6,500－6,500＝18,312）。

これを現在価値に直すと次のようになります。

まず、2021年度以降毎年継続して永続的に「1」ずつもらえるキャッシュを毎年13%ずつ割り引いていったものの2020年度時点での価値は（3）式から1÷0.13（PV＝CF÷r）となります。

これはあくまで2020年度時点の価値であるため、これを現在価値に置き直すためには、その結果、評に2020年度の1の現在価値である0.543を掛け合わせなければなりません。

価時点での2021年度以降の毎年継続して「1」ずつ稼ぎ続けることの価値は、(1÷0・13)×0・543となります。

さらに、ここでは、設計評価用の装置は2025年度までしか使えないと予想していますので、それから2026年度以降毎年継続して「1」ずつ稼ぎ続けることの価値を差し引くことが必要となります。

その結果、2021年度から2025年度までのキャッシュフローの現在価値は、18,312千円×1・908≒34,976千円 となります。

プロジェクトの正味現在価値

結論として、このプロジェクトの正味現在価値は、2015年度～2020年度のフリーキャッシュフローの現在価値のマイナス17,377千円と2021年度～2025年度のフリーキャッシュフローの現在価値 34,976千円を加えた 17,599千円となります。

この数値はプラスであるため、この投資プロジェクトは実行してもよいと判断することができます。

このように、設備投資の経済性を計算して、評価することにより、設備投資案件の可否が判断できるようになります。その結果として利益に貢献するような効率的な設備投資ができるようになります。

214

参考文献

1. 内丸清　技術集団のTQC　品質月刊委員会
2. 梅田泰宏　原価がわかれば儲かるしくみがわかる！　ナツメ社
3. 浦川卓也　市場創造の研究開発マネジメント　ダイヤモンド社
4. 大浜庄司　図解でわかるISO 9001のすべて　日本実業出版社
5. 小原護　経理をいきなり任されたら読む本　セルバ出版
6. 金高誠司・坂田敬三　中小企業診断士試験財務・会計問題集　日本マンパワー出版
7. 狩野紀昭　課題達成型QCストーリー　日科技連
8. 久保豊子　図解でわかる原価計算いちばん最初に読む本　アニモ出版
9. 久米均　設計管理読本　品質月刊委員会
10. 久米均　設計開発の品質マネジメント　日科技連
11. 産業能率大学　「原価計算研修」資料　産業能率大学
12. 柴野直一　見てわかる原価計算のノウハウ　経営実務出版
13. 千賀秀信　管理会計の基本　日本実業出版社
14. 竹山正憲　中・長期経営計画の作り方　税務経理協会
15. 中村亨　不況でも利益を生み出す会計力　東洋経済新報社
16. 西山茂　戦略管理会計　ダイヤモンド社
17. 日経BP　日経情報ストラテジー　2000年9月　日経BP
18. 野村郁夫　パソコンを使った月次決算の進め方　かんき出版
19. 野本満雄　購買担当者の実務　日本資材管理協会
20. 細谷克也　方針管理　日科技連方針管理セミナー資料

著者略歴──────

小原　護（おはら　まもる）
1943 年生まれ。京都市出身。
京都工芸繊維大学工芸学部電気工学科卒業。
1967 年　日本電信電話公社電気通信研究所に入社。
　　　　アナログＩＣの研究開発に従事。
1988 年　上記グループ企業に入社。
　　　　アナログＬＳＩの設計開発および経営管理業務に従事。
2004 年　清掃、設備管理関連サービスを提供する中小企業に入社し、
　　　　６年間経理業務に従事。
2010 年　同社退社。
主な著書に、「経理をいきなり任されたら読む本」（セルバ出版）などがある。

赤字圧縮・利益確保するとっておきの経営管理術

2014 年 10 月 10 日発行

著　者	小原　護　©Mamoru Ohara
発行人	森　　忠順
発行所	株式会社 セルバ出版 〒 113-0034 東京都文京区湯島 1 丁目 12 番 6 号 高関ビル 5 Ｂ ☎ 03（5812）1178　　FAX 03（5812）1188 http://www.seluba.co.jp/
発　売	株式会社 創英社／三省堂書店 〒 101-0051 東京都千代田区神田神保町 1 丁目 1 番地 ☎ 03（3291）2295　　FAX 03（3292）7687

印刷・製本　モリモト印刷株式会社

●乱丁・落丁の場合はお取り替えいたします。著作権法により無断転載、複製は禁止されています。
●本書の内容に関する質問は FAX でお願いします。

Printed in JAPAN
ISBN978-4-86367-172-0